LETTRES

DU

DUC DE BOURGOGNE

AU

ROI D'ESPAGNE PHILIPPE V

ET A LA REINE

PUBLIÉES

POUR LA SOCIÉTÉ DE L'HISTOIRE DE FRANCE

PAR

Mgr Alfred BAUDRILLART

ET

Léon LECESTRE

TOME DEUXIÈME

(1709-1712)

A PARIS

LIBRAIRIE RENOUARD

H. LAURENS, SUCCESSEUR

LIBRAIRIE DE LA SOCIÉTÉ DE L'HISTOIRE DE FRANCE

RUE DE TOURNON, N° 6

MDCCCCXVI

Exercice 1915
2ᵉ volume
(Voir au verso)

VOLUMES RÉCEMMENT PARUS.

EXERCICE 1914.

1er vol. — n° 368. Mémoires de Saint-Hilaire, t. V.

2e vol. — n° 369. Rapports et notices sur les Mémoires de Richelieu, fasc. V.

(Distribués en avril 1915.)

3e vol. — n° 370. Campagnes de J. de Mercoyrol de Beaulieu.

4e vol. — n° 371. Journal de Cl. de Fauquembergue, t. III.

n° 372. Annuaire-Bulletin, 1914.

(Distribués en octobre 1915)

EXERCICE 1915.

1er vol. — n° 373. Mémoires du comte de Brienne, t. I.

2e vol. — n° 374. Lettres du duc de Bourgogne, t. II.

(Distribués en avril 1916.)

LETTRES

DU

DUC DE BOURGOGNE

AU

ROI D'ESPAGNE PHILIPPE V

ET A LA REINE

MACON, PROTAT FRÈRES, IMPRIMEURS.

LETTRES

DU

DUC DE BOURGOGNE

AU

ROI D'ESPAGNE PHILIPPE V

ET A LA REINE

PUBLIÉES

POUR LA SOCIÉTÉ DE L'HISTOIRE DE FRANCE

PAR

Mgr Alfred BAUDRILLART

ET

Léon LECESTRE

———

TOME DEUXIÈME
(1709-1712)

A PARIS
LIBRAIRIE RENOUARD
H. LAURENS, SUCCESSEUR
LIBRAIRIE DE LA SOCIÉTÉ DE L'HISTOIRE DE FRANCE
RUE DE TOURNON, N° 6
———
M DCCCC XVI

EXTRAIT DU RÈGLEMENT.

Art. 14. — Le Conseil désigne les ouvrages à publier, et choisit les personnes les plus capables d'en préparer et d'en suivre la publication.

Il nomme, pour chaque ouvrage à publier, un Commissaire responsable, chargé d'en surveiller l'exécution.

Le nom de l'éditeur sera placé en tête de chaque volume.

Aucun volume ne pourra paraître sous le nom de la Société sans l'autorisation du Conseil, et s'il n'est accompagné d'une déclaration du Commissaire responsable portant que le travail lui a paru mériter d'être publié.

Le Commissaire responsable soussigné déclare que le tome II des Lettres du duc de Bourgogne au roi d'Espagne Philippe V et a la Reine, *préparé par* Mgr Alfred Baudrillart et M. Léon Lecestre, *lui a paru digne d'être publié par la* Société de l'Histoire de France.

Fait à Paris, le 25 mars 1916.

Signé : Mis de VOGÜÉ.

Certifié :

Le Secrétaire de la Société de l'Histoire de France,

R. DELACHENAL.

LETTRES

DU

DUC DE BOURGOGNE

AU ROI D'ESPAGNE PHILIPPE V

ET A LA REINE.

CXLVI.

AU ROI PHILIPPE V.

A Versailles, le 7 janvier 1709.

Il y a bien longtemps que je ne vous ai écrit, mon très cher frère; il est vrai que les matières dont j'avois à vous parler étoient si désagréables que je n'aurois pu le faire qu'avec une extrême peine. J'espère que Dieu nous rendra cette année plus heureuse, et je vous la souhaite telle de tout mon cœur; mais, s'il en ordonnoit autrement, il faut nous soumettre à lui, et je ne doute pas que vous ne soyez dans les mêmes sentiments que moi. Je me flatte aussi que cette année vous donnera un second fils et que sa naissance redoublera l'affection des Espagnols pour vous.

Nous avons perdu hier matin la maréchale de la

Motte [1], qui est morte proprement de vieillesse, n'ayant point eu de maladie marquée ; elle étoit seulement attaquée depuis deux jours d'une grande fluxion. Elle a conservé son bon sens jusqu'à la fin, ainsi que la connoissance, et n'a pas radoté un seul moment, quoiqu'elle eût, à ce que l'on dit, quatre-vingt-cinq ans ; les uns disent plus et d'autres moins.

J'espère que le Roi me fera encore servir cette année, et que ce sera plus utilement que la dernière.

Adieu, mon très cher frère, je vous prie d'être bien persuadé de ma tendresse et de rendre cette lettre à la reine en lui faisant bien des compliments de ma part.

LOUIS.

CXLVII.

A LA REINE D'ESPAGNE.

A Versailles, le 7 janvier 1709.

Voici une nouvelle année commencée, Madame, qui, selon que je le désire et l'espère, vous sera plus

---

1. Louise de Prye, mariée en 1650 au maréchal de la Motte-Houdancourt, qui la laissa veuve en 1657, avait été nommée en 1664 gouvernante du Dauphin ; elle eut la même charge en 1682 auprès des enfants de celui-ci, puis auprès de ceux du duc de Bourgogne ; elle mourut dans la nuit du 5 au 6 janvier 1709. « C'étoit la meilleure femme du monde, dit Saint-Simon, qui avoit le plus de soin des enfants de France et qui les élevoit avec le plus de dignité et de politesse. »

favorable que la dernière. Je n'aurois cependant pas attendu à vous faire ressouvenir de moi avant mon départ de l'armée, si tous nos derniers malheurs ne m'en avoient ôté le courage. Mais il n'y faut penser que pour se piquer d'honneur et pour tâcher de les réparer. Je souhaite aussi plus que personne, Madame, que, dans quatre mois, vous donniez un infant à l'Espagne et que tout réussisse selon vos désirs et que vous ne doutiez jamais de la sincérité de la tendre amitié que j'ai pour vous, Madame, et qui demande une part dans l'honneur de la vôtre.

Louis.

CXLVIII.

AU ROI PHILIPPE V.

A Versailles, le 27 janvier 1709.

La grande gelée qu'il a faite ces derniers jours [1], mon très cher frère, jointe à la grande quantité de neige qui est tombée, a un peu dérangé les courriers ordinaires, de sorte que je n'ai reçu qu'hier votre lettre du 7, que j'aurois dû avoir il y a déjà huit jours.

Je suis ravi que vos affaires continuent du côté de Roses pour faire le siège de cette place ; car ce côté est un des plus dégarnis. Il n'est plus question de rien de ces côtés-ci. Dieu veuille que, quand il le

---

1. Sur le grand hiver de 1708-1709 et la disette qui en suivit, on peut consulter le travail publié sur ce sujet par A. de Boislisle dans la *Revue des questions historiques,* année 1904.

sera, les choses aillent mieux que l'année dernière!
Le maréchal de Boufflers reviendra ici dans peu
rendre compte au Roi de l'état où sont les Pays-Bas [1].

A propos de Pays-Bas, je vous envoie deux
mémoires pour m'acquitter de deux promesses que
j'ai faites lorsque j'étois encore en ce pays; l'un
s'adresse à vous et l'autre à moi. Le sieur de Cavo
mérite certainement que vous lui fassiez du bien;
c'est un très bon officier; il y en a un qui regarde
son lieutenant-colonel et un troisième pour le prince
de Nassau [2]. Pour ce dernier, je le fais simplement
pour accomplir ma promesse, et vous en ferez du
reste ce qu'il vous plaira.

La mortalité continue dans la cour : nous avons
encore perdu ces jours-ci Mme d'Heudicourt d'une
fluxion de poitrine [3], mal commun dans la gelée;
mais, comme il dégèle présentement, cela diminuera
sans doute. Je me suis, Dieu merci ! toujours bien
porté.

1. Après la perte de Lille, Boufflers était resté à Douay pour
préparer secrètement la reprise de la ville ; mais le froid
excessif empêcha de donner suite à ce projet, et le maréchal
alla visiter les places de Flandres ; il tomba malade à Ypres et
ne revint à Paris que le 1er mars.

2. Sans doute Jean-Guillaume-Frison, prince de Nassau,
qui était feld-maréchal des troupes de Hollande.

3. Bonne de Pons, mariée en 1666 à Michel Sublet, marquis
d'Heudicourt ; elle mourut le 24 janvier, à soixante-cinq ans.
C'était une grande amie de Mme de Maintenon, qu'elle avait
connue alors qu'elle était veuve de Scarron et qu'elle fréquentait
les hôtels d'Albret et de Richelieu. Saint-Simon, tout en
reconnaissant son esprit, dit qu' « on ne pouvoit être plus gra-
tuitement, plus continuellement, plus désespérément mé-
chante » ; il l'appelle un « démon domestique » et le « mauvais ange de Mme de Maintenon ».

Remerciez, s'il vous plaît, la reine des marques de son attention, et soyez persuadé, mon très cher frère, de la sincérité et de la tendresse de mon amitié.

LOUIS.

Je ne me mêle point de ce que le sieur Cavo demande sur les commanderies, ne sachant précisément à quel usage elles doivent être employées.

CXLIX.

AU ROI PHILIPPE V.

A Versailles, le 26 février 1709.

Monsieur,

Le baron de Nero, qui va auprès de Votre Majesté en qualité d'envoyé extraordinaire du Grand-Duc, a désiré que je l'accompagnasse de cette lettre, que lui ai accordée volontiers par rapport à lui-même et en considération du nonce extraordinaire [1], qui remplit ici son ministère fort dignement. Je suis persuadé que le baron de Nero vous fera connoître quels sont mes sentiments pour vous et qu'il s'apercevra aussi de l'amitié que vous avez pour moi.

Je suis, de Votre Majesté,

Le très affectionné frère, beau-
frère et serviteur.

LOUIS.

---

1. C'était Mgr Salviati, qui était en France depuis l'année précédente, pour doubler le nonce Augustin Cusani.

CL.

AU ROI PHILIPPE V.

A Versailles, le 14 mars 1709 [1].

J'ai reçu plusieurs de vos lettres depuis que je ne vous ai écrit, mon très cher frère, et tout ce que vous m'y avez mandé sur la manière dont on a miné le château d'Alicante fait espérer qu'il est réduit maintenant à votre obéissance.

Je comprends aisément combien vous avez été sensible à l'accommodement que le Pape a été obligé de faire [2], et il n'y a pour l'excuser que d'y avoir été forcé, et sans cela de courir risque de voir peut-être piller Rome, comme elle l'a déjà été plusieurs fois. Je suis persuadé que vous saurez allier la prudence avec la fermeté dans une occasion aussi délicate [3]; car il l'est toujours d'avoir des différends avec le chef de l'Église, quoique ces différends ne roulent que sur le temporel.

1. Cette lettre est classée à tort parmi celles de 1708; mais elle est certainement de 1709.

2. Clément XI, menacé par les Impériaux, dont les troupes pillaient et rançonnaient les États pontificaux, avait dû accepter les conditions très dures que lui imposait le marquis de Prié, plénipotentiaire de l'Empereur, et reconnaître l'Archiduc comme roi d'Espagne.

3. Ceci est écrit sur la nouvelle qui venait d'arriver à Versailles (*Dangeau*, tome XII, p. 357) que Philippe V, très mécontent de la conduite du pape, avait fait défendre au nonce de se présenter devant lui et avait fait enlever de la chapelle royale le siège qui lui était réservé.

Vous saurez déjà sans doute la destination que le Roi a faite pour le commandement de ses armées et que, Monseigneur le prenant en Flandres avec le maréchal de Villars sous ses ordres, il m'envoie sur le Rhin avec le maréchal d'Harcourt[1]. Il me paroît que tout le monde est en intention de faire de son mieux, et il faut espérer que Dieu nous enverra, cette campagne, des succès qui nous consoleront un peu de nos malheurs passés ; je dis un peu, ne prévoyant pas qu'ils puissent être à proportion.

Vous aurez sans doute senti la perte de M. le prince de Conti[2], en qui j'ai perdu en mon particulier un ami solide. Il m'en avoit toujours donné des marques, mais surtout depuis la dernière campagne, s'étant toujours déclaré hautement pour moi contre tous les discours qui ont été tenus ici et qui ont été une suite de nos mauvais succès[3]. Dieu, après l'avoir éprouvé par une longue maladie, lui a fait la grâce de mourir très chrétiennement, et l'abbé Fleury[4], qui l'a assisté jusqu'au dernier moment, en est un témoin fidèle.

1. Ce projet ne fut pas mis à exécution, et les princes restèrent à Versailles.

2. François-Louis de Bourbon, prince de Conti, mourut le 21 février.

3. C'est la seule allusion qu'il y ait, dans la correspondance du prince avec son frère, au « déchaînement » qui se produisit contre lui à la cour, à l'instigation des partisans de Vendôme, à la suite de la défaite d'Audenarde, et dont Saint-Simon a fait une peinture si vivante ; M. de Conti s'était en effet toujours déclaré pour le duc de Bourgogne (*Mémoires de Saint-Simon*, tome XVI, p. 271 et 490).

4. Claude Fleury (tome I, p. 77), l'auteur de l'*Histoire ecclé-

Pour en revenir encore à ce qui regarde la campagne prochaine, il n'y a pas d'apparence qu'elle puisse commencer de bonne heure, puisque nous sommes encore à l'heure que je vous écris, à la cinq ou sixième reprise de gelée, et que j'ai vu aujourd'hui des gens sur des patins vis-à-vis les fenêtres de la galerie.

Avant que finir cette lettre, je dois, selon que je l'ai promis au duc d'Albe, vous marquer que j'ai été sensible au choix que vous en avez fait pour être votre *sumiller de corps*[1]. Vous n'en pouviez certainement prendre un qui le méritât mieux par son attachement. Je dois aussi vous recommander le comte de Zuniga [2] ; c'est un fort joli officier, qui a beaucoup de courage et de bonne volonté.

Je ne ferme point aujourd'hui ma lettre, le jour du départ de l'ordinaire n'étant point encore arrivé ; mais j'ai voulu avoir tout le temps de traiter les divers chapitres sur lesquels je vous ai déjà parlé et ne me pas trop laisser presser par d'autres affaires qui peuvent me survenir présentement.

---

siastique, qui avait été son précepteur. Le prince mourant voulut se confesser au P. de la Tour, général de l'Oratoire, malgré la défaveur de ce religieux auprès du Roi.

1. Le duc d'Albe, Antoine-Martin de Tolède, était ambassadeur d'Espagne en France, et Philippe V venait de le nommer son sommelier de corps, charge qui correspondait à celle de grand chambellan.

2. Pierre-Antoine de Sotomayor, que nous avons vu déjà venir en France en mission de courtoisie pour apporter les félicitations du roi d'Espagne à l'occasion de la naissance du duc de Bretagne (tome I, p. 188).

Le 18, au soir.

J'ai reçu hier votre lettre du 4, mon très cher frère, qui me confirme dans mon idée au sujet du château d'Alicante. Du reste, il n'y a rien de nouveau depuis quatre jours, et je n'ai plus qu'à vous embrasser en vous priant de m'aimer toujours autant que je vous aime.

Louis.

CLI.

AU ROI PHILIPPE V.

A Versailles, le 22 avril 1709.

Le baron de Capres[1], qui vous a toujours servi, mon très cher frère, avec beaucoup de zèle, désirant que vous le fassiez chevalier de la Toison, j'ai cru devoir lui rendre le témoignage que j'ai été très content de lui dans les choses dont il s'est mêlé pendant que j'ai commandé en Flandres, la campagne dernière. Je serai sensible à ce que vous pourrez faire pour son avantage et profite de cette occasion pour vous assurer, mon très cher frère, que l'on ne peut vous aimer plus tendrement que je vous aime.

Louis.

1. Michel-Joseph de Bournonville, baron de Capres, servait depuis 1701 dans les troupes espagnoles de Flandres ; il devint duc de Bournonville en 1715, et reçut la Toison dans le courant de 1709.

CLII.

AU ROI PHILIPPE V.

A Marly, le 1er mai 1709.

Voici encore une recommandation qui m'est demandée et que je ne puis me dispenser de vous faire, mon très cher frère : c'est pour le marquis de Listenois[1], qui a toujours donné des marques de son courage dans les occasions qu'il s'est rencontré depuis le commencement de cette guerre. L'abbé son oncle[2], qui vous reporte la Toison qui est dans sa maison depuis longtemps, vous la demandera pour lui; vous savez mieux que moi ce que vous aurez à faire là-dessus[3], et, après m'être acquitté de ce que j'ai promis, il ne me reste, mon très cher frère, qu'à vous embrasser en vous assurant que mon amitié ne peut être plus vive ni plus tendre.

LOUIS.

1. Jacques-Antoine de Bauffremont, marquis de Listenois, d'une famille franc-comtoise, était brigadier depuis 1704.

2. Cet abbé de Bauffremont avait l'abbaye de Luxeuil. Il reportait en Espagne le collier de la Toison qu'avait eu son père qui venait de mourir.

3. M. de Listenois reçut en effet la Toison cette même année (*Mémoires de Sourches*, tome XII, p. 42).

CLIII.

AU ROI PHILIPPE V.

A Versailles, le 25 mai 1709.

Vous[1] aurez peut-être été étonné de mon long silence, mon très cher frère, et j'avoue que j'aurois eu tort en tout autre temps qu'en celui où nous sommes ; mais l'état où nous nous trouvons a fait que je me suis trouvé entre ne vous point parler d'affaires publiques ici et par toute l'Europe, ou vous entretenir des choses du monde les plus désagréables. J'ai peine encore aujourd'hui à entamer cette matière, et je me tairois encore, si l'amitié ne me reprochoit qu'il y ait trop longtemps que je ne vous en ai renouvelé les sincères assurances.

Nous voici donc à la veille d'une campagne qui peut nous donner tout à craindre; la mauvaise récolte de l'année dernière et la gelée de l'hiver, qui a fait mourir les blés dans la plus grande partie du royaume, rendent les subsistances d'une difficulté infinie, et l'argent, qui est extrêmement rare, fait appréhender que l'on ne puisse payer régulière-

1. Il est à remarquer combien la longue lettre qui va suivre diffère de toutes celles qui précèdent. Le duc de Bourgogne y traite de questions politiques de la plus haute importance, contrairement à son habitude, et il est à croire qu'il le fit par ordre de Louis XIV, qui voulut user auprès du roi d'Espagne de toutes les influences possibles pour lui faire accepter le rappel des troupes françaises.

ment les troupes et qu'elles ne désertent. Si, faute
de vivres ou d'argent, l'armée de Flandres vient à se
débander ou à être obligée de quitter les postes qui
arrêteront l'ennemi, pour chercher à subsister, l'ennemi, dont les magasins sont faits, en profitera
pour aller en avant contre nous, et, s'il se joignoit
encore à cela le malheur de la perte d'une bataille,
peut-être serions-nous bien heureux si, en ce cas,
les ennemis nous en quittoient pour la paix des
Pyrénées. Mais, d'un autre côté, si cette périlleuse
campagne se peut prévenir, Dieu sait à quelles conditions M. de Torcy nous rapportera d'Hollande [1]
le projet d'une paix presque aussi forcée qu'elle le
seroit si nous nous trouvions dans la situation que
je viens de vous représenter ; je dis presque aussi
forcée, car il n'y a que la force et la volonté de Dieu
visiblement marquée dans nos malheurs passés et la
famine qui arrive, qui aient obligé le Roi, après les
répugnances extrêmes, à faire les démarches qu'il a
faites pour la paix. Nous en attendons le succès et
peut-être en serons-nous éclairés avant la fin de
cette lettre, qui, si elle va par l'ordinaire, ne partira
qu'après-demain au soir. Dans cette triste situation,
et par rapport à nous et par rapport à vous, l'on est
un peu consolé quand on pense à l'extrême affection que vous ont témoignée vos sujets, et dans la
cérémonie de la reconnoissance du prince votre

---

1. Torcy s'était en effet rendu à la Haye en personne pour
reprendre les négociations interrompues et savoir à quelles conditions les Alliés accorderaient la paix (ses *Mémoires*, p. 583-
585).

fils [1] et dans la part que vous leur avez donnée que vous vouliez faire passer par eux toutes vos affaires. J'ose dire que vous ne pouviez prendre de meilleur parti, et, s'il y a quelque chose à regretter, c'est que vous ne l'ayez pas pris plus tôt.

La reddition du château d'Alicante [2] et la victoire remportée par le marquis de Bay sur les Portugais [3], dont j'ai senti une vive joie, par rapport à celle qu'elle vous a fait, sont encore deux choses bien nécessaires pour vous dans la conjoncture présente; mais, si, après cet échec, le Portugal pouvoit quitter l'alliance des ennemis pour rentrer dans la vôtre ou du moins demeurer neutre, je la regarderois encore comme bien plus avantageuse.

Voilà assez parler pour aujourd'hui de matières que je reprendrai peut-être encore, ainsi que je vous l'ai déjà dit, avant que fermer ma lettre. J'attends à tout moment des nouvelles de l'accouchement de la reine; j'espère qu'il aura été aussi heureux que le premier et que vous avez présentement un enfant [4]. Quoique je ne finisse point encore, je ne dois cependant point interrompre ma lettre sans vous assurer, mon très cher frère, d'une tendresse qui se fait sentir bien vivement en toutes les occasions quelles qu'elles puissent être, mais particulièrement dans celle du temps présent.

1. Le jeune prince des Asturies, quoique âgé seulement de vingt mois, avait reçu le 7 avril le serment de fidélité des cortès assemblés à Madrid.

2. Il se rendit le 18 avril (*Gazette*, p. 221-222).

3. Bataille de la Gudina, près Badajoz, le 7 mai.

4. L'infant naquit le 2 juillet, mais mourut le 8.

Le 3 juin.

Je n'ai pu me résoudre à finir cette lettre, mon très cher frère, que je ne susse positivement à quoi m'en tenir, et l'on n'en a rien su précisément qu'hier. M. de Torcy arriva avant-hier au soir[1], les propositions des ennemis étant telles que je vais vous les dire[2]. Ils demandent que l'on reconnoisse l'Archiduc pour roi de toute la monarchie d'Espagne et que le Roi se rende garant que vous la céderez entre-ci et deux mois ; que l'on rende Strasbourg et que l'on rase les places d'Alsace, Landau demeurant fortifié à l'Empereur ; que l'on laisse à M. le duc de Savoie ce qu'il a pris sur la France, en lui rendant ce que l'on occupe de ses États ; que l'on donne à l'Archiduc nos plus considérables places des Pays-Bas, pour être gardées par les Hollandois et servir de barrière contre la puissance de la France, et cela avant le terme de deux mois, qu'il y aura une suspension d'armes. On doit aussi commencer à raser Dunkerque et combler le port pour la satisfaction des Anglois avant ce terme, et, si, lorsqu'il sera expiré, vous n'avez pas cédé l'Espagne, ou la guerre recommencera contre nous, toutes nos places étant presque entre leurs mains, ou bien, ainsi qu'il a été dit à M. de Torcy, le Roi joindra ses forces aux leurs pour vous chasser d'Espagne, chose qu'il n'acceptera jamais, quoi qu'il lui en puisse arriver. Ainsi

1. Il était resté un mois absent.
2. Voir les *Mémoires de Torcy*, édition Michaud et Poujoulat, p. 589-628.

donc, malgré la situation extrême où nous sommes, le Roi n'a pas cru devoir acquiescer à de si extraordinaires conditions, qui ne l'assurent point même de la paix : car tout ceci n'en est que les préliminaires. Il a ordonné au président Rouillé [1] de le déclarer en Hollande et de se retirer, à moins qu'ils n'adoucissent (ce qui n'arrivera pas) ces insurmontables articles. Mais, comme nous sommes exposés à de nouveaux malheurs et qu'il faut se servir de toutes les ressources que l'on pourroit avoir alors, le Roi a jugé à propos, ainsi qu'il vous le fait savoir, de rapprocher ses troupes qui sont en Espagne des lieux où elles pourroient être utiles, s'il nous arrivoit encore des désavantages pareils à ceux des années dernières et dont les suites seroient bien plus fâcheuses [2]. Du reste, le Roi déclare aussi qu'il se tient quitte de toutes les offres qu'il a faites jusques à présent et qu'il faudra tabler sur d'autres principes lorsqu'il sera question de paix une autre fois. Il y a donc toute apparence que la campagne va commencer; mais il n'y en a point que Monseigneur ni moi puissions la faire.

Voilà, mon très cher frère, le précis de notre situation, et j'espère que Dieu, qui a porté le Roi à

1. Pierre Rouillé de Marbeuf, président au Grand Conseil, avait été ambassadeur en Portugal de 1697 à 1703; en mars 1709, Louis XIV l'avait envoyé à la Haye pour essayer d'entamer les préliminaires de paix.

2. On peut remarquer combien le prince emploie des termes prudents et diplomatiques pour faire accepter ce rappel des troupes françaises que Louis XIV avait décidé; il va encore y revenir tout à la fin de la lettre.

se relâcher si fort sur ses propres intérêts pour donner la paix à ses peuples, ne l'abandonnera pas dans la continuation d'une guerre absolument de la volonté de ses ennemis. Ma tendresse pour vous, mon très cher frère, me fait sentir vivement tout ce qui vous regarde en particulier, et je puis vous assurer que le seul bien nécessaire de l'État a eu part dans tout ce que le Roi, qui vous aime comme son petit-fils, a fait d'avances auprès des ennemis. On ne peut être plus touché aussi que je le suis du respect et de la reconnoissance que vous avez toujours pour lui, connoissant le fond de son cœur, et que ce n'est que par force majeure qu'il ne peut continuer à vous donner les secours dont il vous a aidé jusqu'à présent.

Je n'écris point à la reine dans une si triste conjoncture, et j'attends celle de son accouchement pour l'en féliciter et lui renouveler les témoignages de ma véritable amitié. Faites-lui toujours mes compliments, je vous en supplie, et soyez persuadé, mon très cher frère, que ma tendresse durera autant que ma vie, m'estimant bien malheureux que l'état de la France m'ait obligé de penser autrement que ne l'auroit voulu mon cœur sur ce qui peut être à votre satisfaction en un sens, je veux dire la soustraction de secours de la part du Roi ; car la paix avec les ennemis auroit pu s'accorder à merveille avec les désirs très ardents de vous voir vous défendre et vous maintenir sur le trône d'Espagne, comme j'espère qu'il arrivera tôt ou tard. Encore un coup, je vous embrasse, mon très cher frère, et vous aime plus que je puis l'exprimer.

LOUIS.

CLIV.

AU ROI PHILIPPE V.

A Marly, le 24 juin 1709.

J'ai reçu hier, mon très cher frère, la lettre que vous m'avez écrite le 10 de ce mois, dans laquelle vous me reprochez avec raison le long espace de temps que j'ai été sans vous écrire. Vous en aurez eu depuis une remplie de choses bien tristes et sur lesquelles j'ai remis à vous parler le plus tard qu'il m'a été possible ; elles ne sont pas devenues moins pénibles depuis ; des inondations de rivières [1], qui ont perdu la moisson future de quelques provinces, et un commencement de révolte dans les Cévennes et le Vivarois [2] ont encore augmenté nos maux ; enfin un assemblage de tout ce que je vous ai déjà représenté et qui met l'État en péril nécessite le Roi à retirer absolument ses troupes dans son royaume [3]. Pensez-vous en vérité que, dans les maux qui nous pressent, j'oublie aussi ceux qui vous menacent, et pouviez-vous soupçonner que l'absence eût diminué en moi la tendresse que j'ai toujours

1. Surtout celles de la Loire (*Mémoires de Sourches*, tome XII, p. 356 et 365).

2. Il n'y eut dans ces pays que quelques bagarres de peu d'importance provoquées par la misère et la cherté des vivres.

3. Le prince dit formellement ce qu'il avait déguisé si habilement dans la lettre précédente.

eue pour vous ? Je vous puis assurer qu'elle se fait bien sentir présentement et que je suis toujours touché comme je le dois et des succès et des malheurs qui vous arrivent. Je suis aussi un témoin fidèle de celle que le Roi a pour vous, sûr qu'il sacrifieroit encore une partie de ses conquêtes, et peut-être qu'il les sacrifieroit toutes, pour mettre vos intérêts en sûreté et vous conserver la couronne que Dieu vous a donnée. Vos reproches pleins de tendresse ont réveillé la mienne, et j'espère être plus régulier à vous en donner des marques à l'avenir.

On est à la veille d'apprendre des nouvelles du côté de Flandres : l'armée ennemie s'approchant de celle du maréchal de Villars, qui est retranchée entre Lens et la Bassée dans un très bon poste, tout ce qui se passera de ce côté-là ne peut être que décisif, et, s'il plaisoit à Dieu de nous redonner le dessus, nous serions tirés d'un état bien fâcheux et bien inquiétant.

Je suis bien étonné de n'avoir point encore entendu parler de l'accouchement de la reine, et j'espère qu'il sera aussi heureux que le premier. Il y a assez d'apparence que Mme la duchesse de Bourgogne est grosse aussi, ce qui me fait assez de plaisir, y ayant déjà deux ans et demi qu'elle est accouchée, et sa bonne santé faisant espérer que tout ira bien.

Adieu, mon très cher frère ; Dieu fera tout ce qu'il voudra, et sa volonté seule est à quoi nous devons nous attacher ; mais il est selon cette même volonté que je vous aime aussi tendrement que je le fais, et sente aussi vivement tout ce qui vous regarde.

LOUIS.

CLV.

AU ROI PHILIPPE V.

A Marly, le 26 juin 1709.

Depuis la lettre que je vous ai écrite avant-hier, mon très cher frère, le Roi, changeant de sentiment, s'est rendu à vos remontrances et vous laisse encore pour quelque temps une partie des troupes qu'il a en Espagne, et ce qu'il en écrit à M. Amelot[1] vous en instruira mieux que je ne le pourrois faire. Vous verrez au moins par là qu'il donne à la tendresse tout ce qui ne préjudicie point directement au bien de son État, qu'il veut encore priver de ce secours actuel.

Il est constant que les propositions des ennemis sont pleines d'un orgueil excité par les succès qu'ils ont eus dans le cours de cette guerre; mais, quoiqu'elles aient été rejetées présentement, il ne faut pas compter (à moins qu'il n'arrivât des coups de la main de Dieu seul), il ne faut pas compter, dis-je, que nous en soyons jamais quittes à beaucoup meilleur marché. Je me flatte que vous ne me croyez pas capable d'oublier jamais l'amitié étroite qui nous a liés pendant notre enfance et qui me fait pleurer si tendrement notre séparation ; c'est cette même amitié qui me fait sentir maintenant com-

1. Michel-Jean Amelot de Gournay, qui était ambassadeur de France en Espagne.

bien il est pénible d'être frère et François tout en
même temps et que nos malheurs aient été jusqu'au
point de désunir en partie ces deux qualités. Mais
ils ne désuniront jamais nos cœurs, et la tendresse
du mien pour vous sera toujours telle, mon très
cher frère, qu'elle doit être et que vous pouvez
désirer.

LOUIS.

Je ne vous ai point parlé dans ces deux lettres
du changement arrivé dans le ministère de la
guerre ; le monde étoit trop déchaîné contre M. Chamillart[1] pour qu'il pût être utile dans ce poste ; et,
entre vous et moi, je crois M. Voysin, qui l'occupe
présentement, beaucoup plus capable de le remplir ; l'autre avoit bonne volonté, mais peu de capacité[2]. Il n'y a encore rien de nouveau de Flandres,
et nous sommes toujours dans une attente pleine
d'inquiétude.

1. La disgrâce de Chamillart et son remplacement au ministère de la guerre par Daniel-François Voysin, ancien intendant de Hainaut, a été raconté en détail par Saint-Simon
(*Mémoires*, édition Boislisle, tome XVII, p. 387-398 et 416-
459).

2. Ceci semble l'écho de l'opinion de Mme de Maintenon :
voyez sa *Correspondance*, recueil Bossange, tome I, p. 425,
428 et 434, et A. Geffroy *Madame de Maintenon d'après sa
correspondance*, tome II, p. 213.

CLVI.

AU ROI PHILIPPE V.

A Versailles, le 13 juillet 1709.

C'est avec bien du plaisir que j'ai appris, mon très cher frère, que la reine vous avoit donné un infant[1], ainsi que je l'avois toujours bien espéré. La chaleur d'Espagne fait que je me flatte que la petite vérole du prince des Asturies n'aura point de mauvaises suites. Pour l'enfant qui vient de naître, quelque délicat qu'il soit, Dieu le conservera, s'il lui plaît. Je suis ravi que la santé de la reine soit bonne après sa couche. Je souhaite pouvoir vous en mander autant d'ici dans six ou sept mois.

Vous saurez sans doute déjà que les ennemis, ayant trouvé le maréchal de Villars trop bien posté et retranché dans son camp de Lens pour le pouvoir attaquer, se sont déterminés à faire le siège de Tournay[2], qui est, je crois, une des bonnes places qu'ait le Roi. Il est vrai que la garnison n'est pas aussi forte que cette ville la demanderoit; mais il faut espérer que son courage suppléera au nombre. Surville[3], qui y commande, est un très

---

1. Voyez ci-dessus, p. 13, note 4.

2. La ville fut investie le 29 juin, comme il va être dit plus loin.

3. Louis-Charles d'Hautefort, marquis de Surville, lieutenant général depuis 1702, avoit été disgrâcié et exilé en 1704 pour un démêlé avec un autre officier général, et le maréchal

galant homme, qui y fera tout de son mieux. Le siège de Lille, qu'il a vu l'année dernière, lui servira d'une excellente instruction. Cette place fut investie le 29 du mois passé, et les ennemis ont ouvert la tranchée en trois endroits la nuit du 7 au 8 de celui où nous sommes. Ils veulent sans doute profiter de ce que la garnison n'est pas si nombreuse que celle de Lille ; j'espère néanmoins que, s'ils ont à la fin cette place, ce ne sera pas à bon marché. Voilà sur quoi l'on a les yeux tournés ici, mon très cher frère, et ce qui fait le sujet de tous les discours.

Adieu, mon très cher frère, je vous souhaite et à la reine et à vos enfants toutes sortes de prospérité, et vous aime plus que moi-même.

Louis.

Je vous envoie une lettre pour la reine, comme je ne sais point ce qui peut être arrivé avant qu'elle la reçoive[2], je la mets à cachet volant ; car, dans l'état où elle est, tout est de conséquence. Vous la lui donnerez selon et dans le temps que vous jugerez à propos, et lui ferez encore mille compliments de ma part.

---

de Boufflers avait obtenu avec peine du Roi, en 1708, de le prendre avec lui dans Lille investi, où il s'était si bien comporté que le Roi lui avait confié la défense de l'importante place de Tournay.

2. On craignait que l'infant nouveau-né ne vécût pas ; ce qui arriva en effet.

CLVII.

A LA REINE D'ESPAGNE.

A Versailles, le 13 juillet 1709.

J'avois toujours bien espéré, Madame, que vous donneriez à l'Espagne un infant, et j'ai été charmé d'apprendre que je ne m'étois point trompé. Je me flatte que ce bonheur n'aura point été troublé et que les chaleurs d'Espagne auront rendu la santé au prince des Asturies, sans que vos inquiétudes aient été fondées. Personne ne s'intéresse plus vivement que moi à tout ce qui vous regarde et ne souhaite plus que toutes choses puissent tourner à votre satisfaction.

Soyez-en, je vous prie, très persuadée, Madame, et conservez-moi toujours quelque part dans l'honneur de votre amitié qui m'est infiniment précieuse.

LOUIS.

CLVIII.

AU ROI PHILIPPE V.

A Versailles, le 21 juillet 1709.

C'est avec bien de la peine que j'ai appris, mon très cher frère, qu'il n'avoit pas plu à Dieu de vous conserver le second fils qu'il vous avoit donné [1]. Ce

---

1. Il mourut, comme il a été dit ci-dessus, le 8 juillet.

n'est qu'en lui que l'on peut trouver des consolations dans ces sortes d'occasions, et dans la miséricorde qu'il exerce envers celui que nous perdons. J'espère qu'il réparera cette perte et que vous ne serez pas longtemps sans vous revoir un enfant. Je suis très touché des sentiments de courage que vous me marquez dans votre lettre du 6 de ce mois ; un prince du sang de France n'en doit ou n'en peut avoir d'autres.

Le siège de Tournay continue toujours sans que l'on en sache que rarement des nouvelles ; le canon y tire beaucoup depuis quelques jours ; on l'entend même d'auprès d'ici[1]. Il seroit bien important que ce siège pût un peu se prolonger.

Je vous écris aujourd'hui encore par le sieur de Blécourt[2], et j'écris aussi à la reine sur la mort de l'infant ; je crois qu'elle la saura avant que de recevoir ma lettre. Mme la duchesse de Bourgogne continue à se bien porter ; j'espère que sa grossesse continuera et finira bien. Voilà tout ce que je sais à vous mander présentement. Pour ce qui concerne l'amitié que j'ai pour vous, je ne finirois jamais si je vous disois tout ce qu'elle me fait penser, surtout lorsque je songe à celle que vous avez pour moi et qui, j'espère, continuera toujours.

Louis.

Il y a quelque temps qu'un prêtre de la Mission[3]

---

1. Illusion qu'on avait déjà cru avoir à Versailles, l'année précédente, lors du siège de Lille.

2. Voir la lettre suivante.

3. La congrégation de la Mission ou des Lazaristes, fondée par saint Vincent de Paul.

espagnol m'a prié de vous recommander son frère, nommé Don Ildefonse de Narvaès, et ses enfants, qui sont dans vos troupes ; je m'acquitte de ce que je lui ai promis, mon très cher frère ; c'est à vous à voir si vous avez sujet d'être content de leurs services.

CLIX.

AU ROI PHILIPPE V.

A Versailles, le 21 juillet 1709.

Le sieur de Blécourt[1] allant près de vous, mon très cher frère, en qualité d'envoyé du Roi[2], je ne dois pas manquer cette occasion de vous renouveler les témoignages de ma tendresse qui ne sauroit être plus vive. Vous l'avez déjà vu dans la même fonction qu'il a exercée, et je ne doute pas qu'il ne continue à mériter votre bienveillance. Je vous écris encore aujourd'hui par l'ordinaire, mon très cher frère ; ainsi je ne ferai pas celle-ci plus longue et vous embrasse de tout mon cœur.

LOUIS.

1. Jean-Denis, marquis de Blécourt, parent du maréchal d'Harcourt, brigadier d'infanterie en 1696, avait déjà été chargé d'affaires en Espagne de 1700 à 1703 ; il mourut en 1719.

2. Louis XIV l'envoyait à Madrid pour remplacer l'ambassadeur Amelot rappelé en France.

CLX.

A LA REINE D'ESPAGNE.

A Versailles, le 25 juillet 1709.

J'espère que, me faisant la justice, Madame, de connoître mes sentiments d'amitié et de tendresse tels qu'ils sont pour vous, vous n'aurez point douté que je n'aie ressenti vivement la perte du prince que vous veniez de donner pour infant à l'Espagne; mais cette perte, toute grande qu'elle est, ne sera pas irréparable, s'il plaît à Dieu.

Le sieur de Blécourt, qui aura l'honneur de vous rendre cette lettre, est, je crois, déjà de votre connoissance, et je suis persuadé qu'il se conduira d'une manière digne de vos bontés. Quoiqu'il soit chargé de vous dire de ma part tout ce que l'amitié peut exprimer de plus fort, je puis vous assurer, Madame, qu'il ne vous dira rien que de vrai, et je me flatte que vous me continuerez toujours l'honneur de la vôtre, que je mérite certainement plus que personne.

Louis.

CLXI.

AU ROI PHILIPPE V.

A Marly, le 5 août 1709.

Je n'avois point encore reçu la lettre où vous me parliez de la mort de l'infant, mon très cher frère, lorsque je vous en ai témoigné ma douleur. La vôtre certainement et celle de la reine n'ont pas peu contribué à ma peine, et les vues que donne le Christianisme sont les seules véritables consolations dans de pareilles occasions; je me réjouis avec vous de la bonne santé de la reine et du prince. Dieu veuille qu'elle vous redonne bientôt un autre enfant! La ville de Tournay, battue en brèche de trois côtés et de manière à être emportée d'un moment à l'autre, a capitulé le 28 du mois dernier [1]. Surville s'est retiré avec la garnison dans la citadelle, et, par les dernières nouvelles, les ennemis n'y auroient encore jeté que des bombes. Il seroit à souhaiter qu'elle pût durer tout ce mois-ci, et, s'il venoit des pluies au mois de septembre, comme il est ordinaire en Flandres, peut-être les ennemis n'iroient-ils pas beaucoup plus loin.

Comme vous ne m'avez point écrit des affaires de M. le duc d'Orléans [2], je ne vous en ai point parlé non plus; elles ont fait ici assez de bruit, sans certitude cependant, dans le public [3]. Le Roi vous mandera sans doute comme il en a parlé à M. le duc d'Orléans, ce qu'il lui a répondu, et le parti

1. Le texte de la capitulation se trouve dans les *Mémoires de Lamberty*, tome V, p. 336-355.

2. L'affaire qu'on appela la conspiration de Flotte et Regnaut. Sur le détail de cette affaire, qui fut très préjudiciable au duc d'Orléans, on peut voir les *Mémoires de Saint-Simon*, tome XVIII, p. 45 et suivantes, et surtout le tome II de *Philippe V et la Cour de France*, où sont exposées en détail toutes les péripéties de cette aventure.

3. *Saint-Simon*, p. 63 et suivantes, et 70 et suivantes.

qu'il prend de tâcher d'étouffer toute cette affaire.
Il est fâcheux qu'elle ne l'ait pas été dans ses commencements. Vous croyez bien, mon très cher
frère, que j'y ai été très sensible, vous aimant comme
je vous aime. Mais je crois M. le duc d'Orléans
incapable d'avoir voulu faire quelque chose directement contre vous sur le trône d'Espagne[1].

Je me suis acquitté des compliments dont vous
m'aviez chargé pour Mme la duchesse de Bourgogne ;
sa grossesse continue très heureusement ; elle est
présentement à trois mois.

Aimez-moi toujours, mon très cher frère, je vous
en conjure, et soyez persuadé de la tendresse infinie
de mon amitié pour vous.

Louis.

Je joins ici une lettre pour la princesse des Ursins
et vous prie de bien faire mes compliments à la
reine.

CLXII.

AU ROI PHILIPPE V.

A Versailles, le 31 août 1709.

Le Roi vient de recevoir une excellente nouvelle
d'Allemagne, mon très cher frère : les ennemis
avoient construit un pont sur le Rhin à Neubourg

---

1. Opinion curieuse à remarquer parmi le déchaînement
universel qui accusait le duc d'avoir négocié avec les Alliés
pour supplanter Philippe V sur le trône d'Espagne.

en Haute-Alsace et avoient fait passer quatorze bataillons et dix-huit escadrons qui menaçoient la Franche-Comté, sur laquelle l'on croit qu'étoit leur dessein. Le comte du Bourg[1], détaché par le maréchal d'Harcourt, a marché à eux, avec huit bataillons seulement et dix-huit escadrons, avec une extrême diligence. Ils sont venus à lui avec un pareil nombre ; il les a attaqués, et la fougue françoise s'est montrée en cette occasion ; ils ont été culbutés en un instant, la cavalerie l'épée à la main, l'infanterie à coups de baïonnettes. On les a poursuivis au Rhin ; six bataillons dans les îles à la garde du pont ont pris l'épouvante ; le dernier pont a rompu ; on est entré dans les îles à leur suite, et tout a été tué ou pris ; deux cents chevaux se sont sauvés par auprès de Bâle, par où ils étoient venus, en quoi les Suisses ont manqué à leurs alliances. On a tué quinze cents hommes, deux mille cinq cents pris. On croit Mercy[2], qui commandoit les ennemis, mort ; tous les drapeaux, beaucoup d'étendards et quatre pièces de canon ont été prises ; enfin l'on ne peut voir de train de bataille plus complet pour une petite armée[3]. Ce succès étoit de la dernière importance ;

1. Léonor-Marie du Maine, comte du Bourg, qui devint maréchal de France en 1725.

2. Claude-Florimond, comte de Mercy, était feld-maréchal-lieutenant de la cavalerie impériale.

3. Le combat se livra le 26 août à Rumersheim, à quatre lieues de Brisach. L'intention des ennemis était bien d'entrer en Franche-Comté, et de soulever la province, où ils avaient des intelligences. Les documents trouvés dans la cassette de Mercy, dont il va être parlé plus loin, le prouvèrent jusqu'à

car le duc d'Hanovre, qui s'étoit d'abord présenté
aux lignes de Weissembourg pour attaquer le maréchal d'Harcourt, avoit repassé le Rhin et le remon-
toit pour gagner son pont de Neubourg, qui étoit
tout de bateaux de cuir. On a pris la cassette du
comte de Mercy, qui nous apprendra beaucoup de
choses du dessein des ennemis.

Je vais demain à Petit-Bourg [1] avec Monseigneur,
ce qui fait que je vous écris dès ce soir ; je ne finirai cependant ma lettre que demain que je compte
en avoir une de vous et ajouter ici ce que j'apprendrai encore de nouveau d'ici là.

Le 1er septembre.

On a eu nouvelle depuis hier que les ennemis
avoient attaqué, le 28 du passé, le chemin couvert
de la citadelle de Tournay et que l'action a duré
six heures. Comme je suis prêt à partir, je ne puis
pour aujourd'hui vous rien dire davantage, mon
très cher frère, que vous prier de m'aimer toujours
aussi tendrement que je vous aime et de faire bien
mes compliments à la reine.

LOUIS.

l'évidence et donnèrent lieu à diverses procédures et exécutions.
Les *Mémoires de Sourches* (tome XII, p. 46-50) contiennent un
curieux récit de la bataille.

1. Le château du duc d'Antin, près de Corbeil.

CLXIII.

AU ROI PHILIPPE V.

A Versailles, le 16 septembre 1709.

Vous apprendrez par cet ordinaire, mon très cher frère, la plus sanglante bataille qui se soit donnée depuis longtemps[1]. Les ennemis, forts de cent soixante-deux bataillons, trois cents escadrons et cent vingt pièces de canon, ont attaqué le 11 de ce mois près de Bavay l'armée du Roi, qui étoit de cent vingt bataillons et deux cent soixante escadrons. Après sept heures du combat le plus opiniâtre et où nous avons toujours repoussé les ennemis, leur supériorité nous a obligé de leur céder le champ de bataille, et l'on s'est retiré dans le meilleur ordre du monde au Quesnoy, où l'armée est campée, la droite à cette ville et la gauche vers Valenciennes. Notre perte a été très grande ; mais celle des ennemis est, de leur propre aveu, deux ou trois fois plus considérable que la nôtre. Ce nouveau malheur nous pourra coûter Mons ; mais il a racquis à la nation françoise son ancienne réputation, qu'elle a poussée, s'il se peut, plus loin dans cette journée que dans les victoires que nous avons remportées. Le maré-

---

1. Bataille de Malplaquet, livrée le 11 septembre ; le capitaine Sautai a fait paraître en 1904 une étude historique très documentée et très complète sur cette importante affaire ; voyez les *Mémoires de Saint-Simon*, tome XVIII, p. 181 et suivantes.

chal de Villars a été blessé au milieu du combat [1];
mais le maréchal de Boufflers, qui l'étoit allé joindre
comme simple volontaire, par son extrême courage
et sa bonne conduite, a eu tout l'honneur et de l'affaire et de la retraite ; cependant le maréchal de Villars
n'en a pas moins eu tant qu'il a été en état d'agir. Les
ennemis dans cette victoire ont eu cinq ou six de
nos drapeaux ou étendards, au lieu que nous leur
en avons pris une quarantaine, qui doivent arriver
incessamment ici avec un détail de l'action ; car,
jusqu'ici, l'on n'en sait rien que très imparfaitement.
On vous enverra sans doute les lettres que le maréchal
de Boufflers a écrites au Roi [2]. On ne sauroit trop
donner de louanges à ce grand homme, à qui l'on
doit le salut de l'armée. Vous verrez par ce qu'il
écrit que cette bataille, bien loin de nous avoir abat-
tus, n'a fait que relever notre courage et apprendre
aux ennemis à nous craindre plus qu'ils ne faisoient
depuis quelque temps.

Je n'ai point reçu de vos lettres depuis votre
départ pour l'armée ; le parti courageux que vous
avez pris est certainement très digne de vous [3], et
j'espère que, la prudence se mêlant à votre valeur,

1. Il reçut une balle dans le genou, qui le mit hors d'état de
rester sur le champ de bataille.

2. Boufflers écrivit au Roi deux lettres : une le soir même
de la bataille, assez concise, l'autre le 13 septembre, plus
détaillée. Toutes deux ont été publiées par le général Pelet
dans les *Mémoires relatifs à la succession d'Espagne*, tome IX,
p. 345 et 365.

3. Il avait décidé d'aller se mettre à la tête de son armée
d'Aragon.

tout ira bien comme je le désire, et que Dieu vous conservera.

Quoique notre affaire de Flandres nous ait encore été contraire, j'aurois cependant bien désiré avoir pu m'y trouver, avec des troupes dont la valeur n'a cédé qu'au nombre et qui ne demandent pas mieux que de recommencer, si l'occasion s'en présente ; mais je suis persuadé que les ennemis, quoique victorieux, n'en seront plus si friands. Cette affaire a tant occupé depuis quatre jours que l'on sait à peine ce qui se passe en Allemagne et en Italie et que l'action du duc de Noailles en Roussillon en a été presque étouffée[1]. J'attends de vos nouvelles avec une extrême impatience, mon très cher frère, vous aimant plus tendrement que jamais et vous priant de me rendre toujours la pareille.

LOUIS.

CLXIV.

AU ROI D'ESPAGNE.

A Versailles, le 21 octobre 1709.

Je n'ai point reçu de vos lettres, mon très cher frère, depuis le voyage que vous avez fait à l'armée, et j'en serois surpris, vu la régularité de votre amitié, si je ne pensois que pendant tout ce temps vos journées ont été bien remplies. Il est bien désa-

---

1. M. de Noailles avait défait quatorze escadrons ennemis près de Girone (*Sourches*, tome XII, p. 67).

gréable que vos vivresvous aient empêché d'exécuter
ce que votre courage vous faisoit entreprendre, et ma
tendresse pour vous me fait sentir vivement ce
fâcheux contretemps [1], ainsi que l'arrivée du terme
où les troupes du Roi doivent repasser en France.
Ce sont des moments où l'on sent bien le poids de
l'incompatibilité des liens du devoir et de ceux du
sang, et l'on voudroit pouvoir partager son temps à
être tantôt tout françois et ensuite tout frère ; mais
cette séparation ne se peut, et l'impossibilité n'en
est que plus douloureuse surtout entre des frères qui
se sont toujours aimés aussi tendrement que nous.

Le siège de Mons s'avance, et, quoique les ennemis aient été repoussés le 16 avec perte à l'attaque
de l'ouvrage à corne qui couvre la porte de Bertha-
mont, la place ne peut durer encore longtemps [2].
Les ennemis publient qu'ils ne veulent pas s'en
tenir là et qu'ils prendront encore Maubeuge avant
la fin de la campagne ; cela pourroit bien attirer une
seconde action, si l'on veut s'y opposer, comme je
n'en doute point.

Le maréchal de Berwick, venant de Dauphiné, où
la guerre est finie pour cette année, est arrivé le
17 à l'armée [3] pour secourir le maréchal de Boufflers,

1. Philippe V, voyant sa présence inutile, avait quitté le 2
octobre l'armée campée en Aragon sur les bords de la Sègre.

2. C'était l'opinion générale (*Sourches*, tome XII, p. 101).

3. Berwick, arrivé en poste à Versailles le 16, avait eu une
audience du Roi et était reparti dès le lendemain pour la
Flandre. Le retour de Boufflers était aussi attribué à certains
dissentiments qui existaient entre lui et le maréchal de Montesquiou.

dont la santé est toujours fort mauvaise et qui en fait presque plus qu'il ne peut très souvent. Cependant les vivres et l'argent sont toujours plus rares que jamais et la cavalerie ruinée, et, si nous ne trouvons pas moyen (ce qui est très difficile) de réparer l'armée, je ne sais où en sera le royaume l'année prochaine, à moins que Dieu n'y pourvoie en nous donnant la paix. Voilà encore un de ces cas où le devoir et le sang sont divisés et où l'on souffre infiniment ; mais la paix est devenue indispensable, et plus on ira en avant, plus elle coûtera cher. Peut-être, mon cher frère, que ces discours, quoique véritables, devroient être un peu adoucis ; mais croyez, je vous prie, que si je parle ici en prince françois à un frère qui ne peut qu'être touché du triste état de la France, je ne pense pas moins en frère du roi d'Espagne, qui sent vivement toutes ses douleurs et toutes les traverses qu'il rencontre ; c'est de quoi je vous prie d'être très persuadé et que rien n'est capable de diminuer la tendresse que j'ai pour vous, qui durera tant que je vivrai. Je ne vous en demande point autant de la vôtre, en étant aussi certain que de chose quelconque au monde.

Louis.

Je vous prie de bien faire mes compliments à la reine.

CLXV.

AU ROI PHILIPPE V.

A Marly, le 4 novembre 1709.

Vous aurez su, mon très cher frère, depuis la dernière lettre que je vous ai écrite, que la ville de Mons avoit été obligée à capituler le 20 du mois dernier, étant ouverte en deux endroits, et que, quelque envie que le maréchal de Boufflers eût de la secourir selon les ordres qu'il en avoit reçus du Roi, il n'en avoit pu venir à bout faute de vivres. C'est une chose bien malheureuse que cet article si essentiel ait tellement manqué de tous côtés qu'il nous ait mis hors d'état d'exécuter tout ce que l'on a pu penser et projeter. La prise de Mons a mis fin à la campagne, les ennemis s'étant retirés du côté de Bruxelles, où ils ont séparé leur armée ; celle du Roi en a fait de même aussitôt, en sorte que nous voilà en repos pour quelque temps.

Il se lève cependant une nouvelle affaire du côté du Nord, qui pourra bien avoir des suites considérables : la ligue conclue entre les rois de Danemark et Auguste[1] et l'électeur de Brandebourg est prête à éclater, et il paroît qu'ils songent à profiter incessamment du malheur et de l'éloignement du roi de Suède[2] pour commencer la guerre avec avantage.

1. Auguste de Saxe, roi de Pologne.
2. Charles XII, vaincu à Pultawa, avoit dû se retirer sur les

Le Danemark est sur le point d'agir pour reconquérir les provinces de Schonen, Halland et Blekingie[1], et l'électeur de Brandebourg, quoique jusqu'ici il se modère davantage, aura, je crois, bien envie de la Poméranie et des États que la Suède possède en Allemagne. Je ne doute pas que le Czar en même temps n'attaque la Livonie, et la partie me paroît bien forte pour la Suède, qui vient de perdre ses nouvelles troupes et qui est séparée de son roi. Cette nouvelle scène pourra retirer de ces côtés une partie des troupes qui jusques ici ont combattu contre nous, ce qui seroit avantageux pour la suite, ou pour porter les ennemis à la paix qu'il nous faut à la première occasion, ou pour soutenir encore la guerre, si cette paix s'éloignoit encore par des impossibilités absolues de la conclure. Je vous parle ici avec la même franchise que j'ai fait dans mes dernières lettres ; mais, mon très cher frère, nous n'en sentons pas moins vivement tous les contre-coups que cette paix si désirée pourra porter contre vous.

Le roi d'Angleterre, revenu de campagne, est ici ce soir. Il est présentement aussi grand que la reine sa mère, mais d'une santé toujours délicate. Il a marqué dans la dernière bataille le courage d'un prince tel que lui.

Voilà, mon très cher frère, l'état des choses en ce pays-ci, et, pour celui de mon cœur pour vous, il

terres du Grand Seigneur, qui lui assigna Bender comme résidence.

1. Le pays de Schonen ou Scanie, le Halland et la Blekingie ou province de Bleking sont les trois provinces maritimes les plus méridionales de la Suède.

est toujours le même, c'est-à-dire tendre, sentant extrêmement votre état et tous les malheurs qui peuvent vous menacer, et vous aimant autant qu'il vous a jamais aimé. Conservez-moi toujours, je vous prie, une pareille amitié dans le vôtre et que rien ne puisse jamais détruire cette union.

Louis.

Je vous prie de faire bien mes compliments à la reine.

CLXVI.

AU ROI PHILIPPE V.

A Versailles, le 22 décembre 1709.

Il y a quelques ordinaires que je n'ai eu de vos lettres, mon très cher frère, et, celui d'aujourd'hui n'étant point encore arrivé, je ne sais s'il m'en apportera ; mais, pour moi, je ne veux pas être plus longtemps sans vous renouveler les témoignages de ma tendresse. Je suis bien persuadé que ce petit intervalle ne vient pas du relâchement de la vôtre, dont j'ai lieu d'être bien assuré, et je le dois plutôt attribuer à la stérilité des nouvelles.

On n'a encore rien de précis d'Hollande depuis que le sieur Petkum [1] y est de retour ; il paroît seu-

---

1. Edgar-Adolphe de Petkum, résident du duc de Holstein-Gottorp à la Haye, avait été envoyé en France par les Alliés pour essayer d'entamer de nouvelles négociations de paix ; il mourut en mai 1721.

lement que les ennemis ne s'attendoient pas au refus que le Roi a fait de nouveau absolument de signer les préliminaires, et je ne ne crois pas qu'ils entrent dans l'idée d'assembler les plénipotentiaires pour traiter de la paix. Ils ont un tel aheurtement pour ces préliminaires (dont néanmoins on s'aperçoit de la malignité de plus en plus lorsqu'on les examine de sang-froid), ils sont, dis-je, si aheurtés à ces préliminaires, qu'il est fort à craindre qu'ils n'aient eu que la guerre en vue lorsqu'ils les ont proposés, sûrs qu'ils ne seroient pas acceptés. On se prépare cependant à la campagne prochaine, et M. Desmaretz[1] fait les derniers efforts pour avoir quelque argent, dont la somme sera bien au-dessous de ce qu'il faudroit pour subvenir pleinement à toutes les dépenses nécessaires.

Le Roi a été aujourd'hui longtemps avec le maréchal de Villars, qu'il a été voir chez lui pour discuter les projets de guerre [2] ; mais, au bout de tout cela, nous sommes toujours pressés. L'affaire du Nord, que nous avions cru pouvoir nous soulager en quelque chose, n'avance point, et le roi de Danemark, après sa descente en Schonen et la prise d'Helsingborg [3], ville ouverte, est retourné à Copenhague,

1. Nicolas Desmaretz, neveu de Colbert, d'abord associé à Chamillart pour la gestion des finances, lui avait succédé comme contrôleur général en 1708.

2. Villars, souffrant toujours de sa blessure, était à Versailles, où le Roi lui avait donné l'appartement de la princesse de Conti. Louis XIV alla l'y voir à diverses reprises, et ce témoignage de faveur a été noté particulièrement par les contemporains ; voyez les *Mémoires de Saint-Simon*, tome XVIII, p. 303-304.

3. Port de Suède sur le Sund, dans la Scanie.

à ce que l'on dit, sans vouloir rien entreprendre de plus avant l'hiver. Ce prince aura de la peine à suivre vivement ses entreprises et ne se délivrera jamais de la crainte de la Hollande et de l'Angleterre ; je crois qu'il en auroit encore bien davantage, si le roi de Suède avoit pu regagner son royaume ; mais il en est encore bien loin. On n'en a depuis quelque temps que des nouvelles très incertaines, et je croirois assez qu'il est encore à présent sur les terres du Grand Seigneur.

L'hiver jusqu'ici nous ménage fort ; il n'y a eu jusqu'ici que quelques gelées de deux ou trois nuits ; tout le temps des semailles a été favorable, et l'espérance de la récolte est belle, s'il plaît à Dieu de nous préserver des malheurs de l'année dernière ; on aura cependant encore à souffrir jusque-là, et il est bien à craindre qu'il ne périsse bien du monde de faim et de misère jusques à ce que nous ayons attrapé le mois de septembre prochain.

Le Roi revint hier de Marly et sera ici jusqu'à ce que Mme la duchesse de Bourgogne soit relevée de couche. Je compte qu'elle doit aller encore six semaines au moins ; elle sera saignée dans une quinzaine de jours, à l'entrée de son neuvième mois, ne l'ayant point encore été et s'étant presque toujours bien portée, sauf depuis quelques jours, ce qui en fait voir le besoin.

Voilà, mon cher frère, les nouvelles publiques et domestiques, et je crois ne vous pas déplaire en vous tenant dans le fil de l'histoire présente ; elle est désagréable ; mais il n'en faut pas moins la savoir. Comme je ne fermerai ma lettre que demain je pourrai peut-être répondre à quelqu'une des vôtres ou vous dire quelque chose de nouveau, s'il nous en vient. En attendant, comme vous l'aurez peu après le premier jour de l'an, je vous souhaite l'année que nous allons entrer plus heureuse que les précédentes et que, pendant son cours, l'on puisse conclure une bonne paix à la satisfaction de tout le monde. Cela est bien difficile ; mais cela sera, s'il plaît à Dieu, qui en est le maître.

LOUIS.

Le 23 au soir.

Votre lettre du 9 que j'ai reçue ce matin, mon cher frère, m'a fait un très grand plaisir, et je l'ai presque répondue sans savoir ce qu'elle contenoit. Il n'y a rien de nouveau d'aujourd'hui, sinon que la Gazette d'Hollande dit que le roi de Suède doit venir incessamment à Durazzo. sur les terres des Vénitiens, en Épire, si je ne me trompe ; mais je crois que cette nouvelle mérite confirmation. Faites, s'il vous plaît, mes compliments à la reine et soyez persuadé, mon très cher frère, que l'on ne peut vous aimer plus tendrement que moi.

CLXVII.

AU ROI PHILIPPE V.

A Versailles, le 13 janvier 1710.

J'ai reçu hier au soir votre lettre du 30 du mois dernier, mon très cher frère, et je profite d'un peu de temps que j'ai encore avant le souper du Roi pour remplir un devoir qui m'est toujours bien agréable, je veux dire celui de vous renouveler autant qu'il m'est possible les assurances de ma tendresse et vous demander incessamment la continuation de la vôtre. Je ne saurois assez vous répéter, ainsi que je vous l'ai déjà dit, combien je désire que cette année vous soit plus heureuse que les précédentes, et vous remercier infiniment des souhaits que vous me faites, dont je connois la sincérité.

Ce ne sera qu'à la fin de la semaine ou dans la prochaine que nous saurons ce que pensent les Alliés sur la manière dont le Roi s'est expliqué avec eux en dernier lieu. Quoiqu'ils ne parlent que de continuer la guerre avec chaleur, je crois cependant qu'il y a bien des gens chez eux qui désirent la paix. Les affaires du Nord sont assoupies jusqu'au printemps.

Vous savez sans doute par la reine des nouvelles de Mme la duchesse de Bourgogne ; ainsi je ne vous en mande point ; j'espère que son accouchement sera aussi heureux que toute sa grossesse.

Adieu, mon très cher frère, faites, s'il vous plaît, bien des compliments à la reine et soyez persuadé que l'on ne vous peut aimer plus tendrement que moi.

Louis.

CLXVIII.

AU ROI PHILIPPE V.

A Versailles, le 9 février 1710.

Le Roi n'ayant point encore pris sa dernière résolution, mon très cher frère, sur les demandes que vous lui avez faites le mois dernier, je ne peux non plus vous donner aucune réponse précise à la lettre que vous m'écrivîtes sur le même sujet [1].

J'ai été fort flatté de la bonne opinion que vous avez de moi. Il me paroît, Dieu merci ! que je préférerai toujours le bien public aux intérêts particuliers ; du moins je pense toujours comme je fais à présent ; et, quant à tout ce qui pourroit s'appeler haine ou ressentiment, je les dois sacrifier et les sacrifie aussi comme chrétien. Peut-être trouverez-vous ceci plein de vanité ; mais je parle simplement comme je le pense. Soyez donc persuadé, mon très cher frère, que, si je puis quelque chose pour ce que vous demandez, je m'y emploierai de bien bon cœur [2].

Cependant les apparences de paix ne sont pas

1. Philippe V demandait l'envoi du duc de Vendôme pour commander ses troupes.
2. Le roi d'Espagne craignait que son frère ne s'opposât à la venue en Espagne de M. de Vendôme, à cause de ce qui s'était passé entre eux en Flandre lors de la défaite d'Audenarde et pendant toute la campagne de 1708. Depuis cette époque, Vendôme était en quasi-disgrâce et n'avait eu aucun commandement. On voit que le duc de Bourgogne se défend de lui garder rancune.

tout à fait évanouies [1], et le Roi a nommé pour plénipotentiaires le maréchal d'Huxelles et l'abbé de
Polignac, en cas que les ennemis en veuillent recevoir pour traiter tout de bon [2]. Si nous étions en
état de continuer la guerre, nous ne penserions jamais à nous séparer de l'Espagne ; mais plus l'on va
en avant et plus on se ruine ; on n'a point d'argent,
ni pour payer les troupes, ni pour acheter du blé,
quoiqu'il baisse de prix et qu'il y ait une belle espérance à la récolte. Les ennemis cependant ont assem-
blé de grands magasins, et, s'ils entroient en campagne avant que le vert soit venu, l'on ne sait si l'on
pourroit leur opposer d'abord une armée.

Cependant, si les ennemis ne veulent absolument
point de paix qu'à des conditions impossibles, je
conviens avec vous qu'il est de la dernière importance d'essayer à reconquérir la Catalogne et à renvoyer l'Archiduc en Italie.

Tout ce que m'a dit d'Iberville [3], arrivé ici depuis
huit jours, de l'affection que vous portent vos sujets
de Castille est fort agréable à un frère qui vous aime
autant que moi. Il m'a paru fort content de vous et
de la reine.

1. En effet Dangeau signale le 3 février (tome XIII, p. 96) la
venue à Versailles d'un négociateur officieux envoyé par Heinsius.

2. C'est le 29 janvier (p. 95) que Dangeau mentionne cette
désignation.

3. Charles-François de la Bonde d'Iberville, d'une autre famille que l'explorateur du Mississipi, avait été commis dans les
bureaux des affaires étrangères, puis résident à Genève, à Ma-
yence et à Gênes ; il avait été chargé d'une mission tempo-
raire en Espagne. En 1713, il fut envoyé à Londres, et mourut
à Paris en 1723.

Mme la duchesse de Bourgogne n'est point encore accouchée. Il y a plus de quinze jours que l'on croit être au moment, et je ne crois pas qu'elle passe la semaine où nous entrons aujourd'hui. Depuis deux jours même, elle est plus languissante.

Adieu, mon très cher frère ; encore un coup, après les intérêts de la France, je n'en ai point de plus chers que les vôtres. J'espère de la bonté de Dieu qu'il nous tirera bientôt de cette terrible guerre et qu'il vous conservera la couronne qu'il vous a donnée. Je vous embrasse de tout mon cœur, vous demande toujours la continuation de votre amitié, et vous prie de bien faire mes compliments à la reine. J'espère vous écrire bientôt à l'un et l'autre sur l'accouchement de Mme la duchesse de Bourgogne ; je voudrois déjà qu'il fût fait, mais cela ne dépend pas de nous.

Louis.

Le 15 février.

Ma lettre n'étant point partie le dernier ordinaire, mon très cher frère, j'y ajoute ce mot au sujet de Mme la duchesse de Bourgogne. Elle m'a donné ce matin encore un fils [1] ; le Roi l'a nommé duc d'Anjou, et ce nom me le rendra plus cher par rapport à vous qui l'avez porté. Il est en bonne santé et Mme

---

1. Cet enfant, qui fut plus tard le roi Louis XV, naquit le 15 février à huit heures du matin. En en faisant part au roi d'Espagne, Louis XIV lui disait : « Je souhaite que ce duc d'Anjou se rende digne comme vous de toute ma tendresse. »

la duchesse de Bourgogne aussi ; elle m'a prié de vous faire ses compliments ; je m'en acquitte et vous prie, mon très cher frère, de m'aider à remercier Dieu de toutes ses grâces et d'être persuadé de la tendresse de mon amitié pour vous.

CLXIX.

A LA REINE D'ESPAGNE.

A Versailles, le 15 février 1710.

Enfin, Madame, j'ai à vous apprendre l'accouchement de Mme la duchesse de Bourgogne ou plutôt à vous prier de prendre part à la joie qu'il m'a causé ; car vous saurez sans doute avant l'ouverture de ma lettre qu'elle m'a encore donné un fils ce matin sur les huit heures. Elle m'a chargé, n'étant pas en état de vous écrire elle-même, de vous bien faire des amitiés de sa part, et je suis souvent témoin qu'elles sont bien sincères. Elle est en aussi bonne santé qu'elle peut être, quoiqu'elle ait souffert très vivement, mais pas longtemps. Pour l'enfant, je vous en souhaite bientôt un qui soit aussi fort et aussi vivant.

Cette occasion m'est bien favorable, Madame, puisqu'elle me donne celle de vous conjurer de me garder quelque part en l'honneur de votre amitié et de vous assurer que la mienne pour vous ne sauroit être plus tendre ni plus respectueuse.

LOUIS.

CLXX.

AU ROI PHILIPPE V.

A Versailles, le 24 mars 1710.

J'ai reçu hier, mon très cher frère, votre lettre du 10 de ce mois avec la nouvelle de la flotte des Indes [1], qui est très considérable dans la conjoncture présente, et je ne doute pas comme vous que ce secours ne soit très à propos pour pousser l'Archiduc dans la prochaine campagne. Je suis persuadé que vos troupes, vous voyant à leur tête, agiront encore avec plus de courage, s'il se peut, qu'elles n'ont fait par le passé, et ma tendresse pour vous m'a fait sentir fort vivement cette résolution digne de vous que vous avez prise.

Les affaires n'avancent nullement du côté d'Hollande; les ennemis y persistent toujours à s'opiniâtrer dans des conditions impraticables, et le Roi n'a point encore de nouvelles que ses ministres aient eu d'autre conférence avec eux depuis celle qui se tint la première semaine de carême. Ainsi jusques ici les apparences sont bien plus pour la guerre que pour la paix, et l'on se prépare à la faire autant que les moyens que l'on a le peuvent permettre. Cependant celle du Nord tourne entièrement à l'avantage de la

1. Les galions étaient arrivés à Cadix le 2 mars; on comptait qu'elle portait trois millions d'écus pour le roi d'Espagne et autant en marchandises pour les négociants français.

Suède, et l'on a eu aujourd'hui des lettres de Copenhague qui marquent que les Suédois ont entièrement défait l'armée danoise qui étoit en Schonen [1], que les débris s'en sont retirés à Helsingborg et que le roi de Danemark y a promptement envoyé plusieurs bâtiments pour tâcher de les retirer en Seeland.

Je ne vous parle point de la prompte mort de Monsieur le Duc [2], étant une chose vieille présentement ; ce sont de ces exemples qui font trembler et qui, quoique fréquents depuis quelque temps, ne font cependant pas plus d'impression sur le monde que s'ils ne pouvoient pas regarder chacun en particulier.

La santé de Mme la duchesse de Bourgogne et celle de mes enfants est parfaite, Dieu merci ! et, comme je sais l'intérêt que vous y prenez, je crois que vous trouvez bon que je vous dise ce petit mot.

Voilà, mon très cher frère, tout ce que je sais présentement. Conservez-moi toujours votre amitié ; je la mérite par la tendresse inexprimable que j'ai et aurai toute ma vie pour vous. Faites, je vous prie, bien des compliments pour moi à la reine.

LOUIS.

1. C'était le général Steinbock qui commandait les troupes suédoises.

2. Louis III de Bourbon-Condé, duc de Bourbon, petit-fils du grand Condé et mari d'une des filles du Roi et de Mme de Montespan. Il mourut d'apoplexie dans la nuit du lundi au mardi gras (3-4 mars). Saint-Simon a raconté cet événement et tracé un saisissant portrait de ce prince (*Mémoires*, édition Boislisle, tome XIX, p. 50 et suivantes).

CLXXI.

AU ROI PHILIPPE V.

A Versailles, le 5 avril 1710.

Le sieur Coüervo, ingénieur, passant en Espagne [1], mon très cher frère, pour servir près de vous, je l'ai chargé de cette lettre à la recommandation d'un frère qu'il a huissier de Mme la duchesse de Bourgogne. Le comte de Bergeyck pourra vous rendre compte de ses services; je sais qu'il étoit à l'attaque de Bruxelles, il y a deux ans, et qu'il fut assez heureux de huit ingénieurs d'échapper seul à l'attaque du chemin couvert. Je ne doute pas, si vous êtes content de ses services, que vous n'ayez égard à lui d'une manière particulière.

Il n'y a rien de nouveau de nulle part. Vous saurez déjà sans doute les troubles arrivés en Angleterre [2] et la défaite entière des Danois en Schonen, qui ont repassé la mer.

Il ne me reste donc, mon très cher frère, qu'à

1. Nous n'avons pu identifier ce personnage. Le prince va dire plus bas qu'il était frère d'un huissier de la duchesse de Bourgogne; mais, dans l'état de la maison de la princesse, aucun nom ne se rapproche de celui-là, qui est sans doute mal écrit.

2. Une sédition, provoquée par la levée des impôts, avait en effet éclaté à Londres à la fin de mars; mais les nouvelles qui en venaient en France étaient très exagérées ; voyez les *Mémoires de Sourches*, tome XII, p. 187-188 et 190.

vous embrasser et vous prier d'aimer toujours un frère qui vous est bien tendrement attaché. Faites, s'il vous plait, mes compliments à la reine.

LOUIS.

CLXXII.

AU ROI PHILIPPE V.

A Versailles, le 27 avril 1710.

Voilà déjà la campagne ouverte en Flandres, mon très cher frère, et les ennemis selon leur promesse vont faire le siège de Douay. Ils se sont présentés le 20 au canal de la Deûle, au-dessus du fort de la Scarpe, au nombre de cent vingt bataillons et deux cents escadrons. Le maréchal de Montesquiou, qui n'avoit à Lens que trente-trois bataillons, s'est retiré derrière la Scarpe près de Douay, et de là auprès de Cambray, où l'armée s'assemblera incessamment. Les ennemis ont investi Douay le 23 ; Albergotti y commande ; il a vingt bataillons des meilleures troupes du Roi et deux régiments de dragons et, quoique cette place ne soit pas des meilleures, je suis persuadé qu'il s'y défendra vigoureusement et donnera le temps à notre armée et à celle de l'ennemi de se joindre, si elles le désirent.

Les négociations d'Hollande languissent ; cependant il y a près de quinze jours que le dernier courrier est parti, et l'on n'en a pas encore la réponse. Les fêtes peuvent en avoir été cause en partie ; mais je crois que la principale est que les ennemis croient

appuyer leurs demandes par les opérations de leur
armée. Il faut espérer de la bonté de Dieu qu'après
s'être servi d'eux pour nous châtier, il punira enfin
leur injustice et que les succès ne seront pas tels
qu'ils se les promettent. Ils travaillent cependant à
augmenter encore le nombre de leurs troupes ; ils ont
fait conclure une neutralité entre la Suède et le Danemark pour les États que ces deux couronnes pos-
sèdent en Allemagne et pour le Jutland, et achètent, à
ce que l'on dit, huit ou dix mille Suédois [1] ; enfin
l'Angleterre et la Hollande font les maîtres partout, et c'est cet orgueil qui me fait espérer qu'enfin Dieu les humiliera.

Vous apprendrez par ce courrier le mariage du
duc de Vendôme qui épouse Mlle d'Enghien [2]. Il y
avoit déjà quelques années qu'il en avoit été question ;
mais feu Monsieur le Prince et feu Monsieur le Duc
s'y étoient opposés [3]. Cette affaire s'est conclue ces
derniers jours et a été déclarée hier au soir ; le
mariage se fera à Sceaux sans cérémonie pendant le
séjour du Roi à Marly, qui y va demain pour trois

---

1. Le même jour, 27 avril, Dangeau écrivait dans son *Journal* (tome XII, p. 144) : « Toutes les nouvelles que l'on débite
du roi de Suède sont si incertaines qu'on n'y sauroit ajouter
foi. »

2. Marie-Anne de Bourbon-Condé, dite Mlle d'Enghien, fille
du duc de Bourbon dont on a vu la mort dans une lettre précédente, fut mariée le 15 mai au duc de Vendôme. Saint-Simon
(*Mémoires*, tome XIX, p. 109-115) n'a pas manqué de relever
les réflexions, plaisanteries et chansons que fit faire ce sin-
gulier mariage.

3. Cette union fut l'œuvre du duc du Maine, beau-frère de
la princesse.

semaines. Cela n'empêchera point le duc de Vendôme
d'aller servir sous vos ordres, lorsque le Roi jugera
à propos de vous l'envoyer, et je souhaite de tout
mon cœur qu'il réussisse.

Je vous crois bien près à présent de vous trouver
à la tête de votre armée et ne doute pas que les
moments ne vous paroissent longs. S'il nous pouvoit arriver un succès en Flandres en même temps
qu'un à vous en Catalogne !

Les ennnemis, à ce que j'espère, ne seront pas
longtemps sans changer de langage. C'est sur cela
comme sur toute autre chose qu'il faut mettre notre
confiance en Dieu, et nous en avons plus besoin
que jamais à mesure que les moyens humains
manquent ou diminuent.

Voilà, mon très cher frère, et les nouvelles présentes et mes sentiments sur votre situation ; je ne
doute pas que les vôtres ne soient les mêmes ; ceux
de mon cœur pour vous sont toujours tels qu'ils ont
été et qu'ils seront toute ma vie.

Faites, je vous prie, bien des compliments à la
reine, par lettres sans doute. Je me réjouis avec elle
et avec vous de ce que la princesse des Ursins
demeure en Espagne[1].

Louis.

---

1. Il avait été sourdement question que Mme des Ursins
revînt en France ; mais peut-être n'était-ce qu'une habileté
pour consolider sa situation en Espagne.

CLXXIII.

AU ROI PHILIPPE V.

A Marly, le 1ᵉʳ mai 1710.

Le marquis de Thouy[1] partant pour aller vous servir, mon très cher frère, je profite de cette occasion pour vous renouveler les assurances de ma tendre amitié. C'est un bon officier et qui pourra vous être utile ; vous le connoissez déjà ; ainsi je ne crois pas nécessaire de vous en rien dire davantage.

La tranchée n'est point encore ouverte à Douay[2], et les dernières conférences des ambassadeurs du Roi avec les députés d'Hollande marquent plus que jamais l'éloignement de la paix, pour cette campagne surtout.

Il n'y a rien du reste de nouveau. Conservez-moi toujours votre amitié, je vous en supplie, mon très cher frère, et soyez persuadé que la mienne pour vous durera autant que ma vie.

Louis.

---

1. On a déjà vu (tome I, p. 50) que le marquis de Thouy, nommé lieutenant général en 1704, avait servi en Espagne pendant la campagne de cette année; revenu en 1710 au service de Philippe V, il reçut presque dès son arrivée le grade espagnol de capitaine général et ne revint en France qu'en 1715.

2. Elle ne fut ouverte que dans la nuit du 4 au 5 mai.

CLXXIV.

AU ROI PHILIPPE V.

A Versailles, le 9 juin 1710.

Je commencerai cette lettre, mon très cher frère, par vous parler du mariage de mon frère de Berry, que le Roi déclara il y a huit jours et dont il n'a pu vous donner part que par cet ordinaire [1]. Je ne doute pas que vous n'y soyez sensible par l'amitié que vous avez pour lui et que vous ne regardiez désormais Mademoiselle comme sa femme et non comme fille de M. le duc d'Orléans [2]. Je ne vous dis rien sur lui, ne sachant jusqu'où vous avez lieu d'en être mécontent ; mais, pour elle, elle est bien élevée et a beaucoup de douceur ; elle n'est pas belle, mais n'a rien de choquant [3], et il y a tout lieu d'espérer que son mari et elle feront un bon ménage. Le mariage se fera dès que la dispense sera arrivée de Rome, ce qui doit aller encore à près de trois semaines.

1. Le mariage du duc de Berry avec la fille aînée du duc d'Orléans avait été décidé par Louis XIV à la suite de négociations et d'intrigues que Saint-Simon a racontées en grand détail, en s'y donnant un rôle considérable (*Mémoires*, édition Boislisle, tome XIX, p. 189-293).

2. Ce mariage devait en effet déplaire au roi d'Espagne, qui, depuis l'affaire de Flotte et Regnaut, avait gardé une vive antipathie pour le duc d'Orléans.

3. Madame, grand-mère de la princesse, ne vantait pas non plus la beauté de celle-ci : voir sa *Correspondance*, recueil Jæglé, tome II, p. 156.

J'en viens maintenant aux affaires de paix. Par les dernières lettres de Gertruydenberg, il ne s'étoit rien passé qui avançât les affaires, et les grandes difficultés subsistoient toujours. Les nouvelles de guerre sont que le maréchal de Villars s'est rapproché d'Arras, n'ayant pu sans un désavantage manifeste attaquer l'armée ennemie, pour le moins égale à celle du Roi, ayant ses flancs bien appuyés et son front couvert de grands redans et de batteries, et même depuis les ennemis ont fait un retranchement tout entier. La garnison cependant continue à se bien défendre, et, si les nouvelles que j'ai ouï dire aujourd'hui sont vraies, le 5, les ennemis n'étoient logés que sur un seul angle du chemin couvert [1], après un mois entier de tranchée ouverte. Ils n'ont certainement pas cru trouver tant de résistance en cette place, qui d'elle-même n'est pas trop bonne.

J'ai appris avec bien du chagrin que vous n'aviez pas réussi dans votre entreprise sur Balaguer et que vous aviez été obligé de repasser la Sègre [2] ; je ne doute pas que, malgré les difficultés qui se présentent, vous ne travailliez à faire une heureuse campagne.

La bénédiction de la chapelle de ce château fut faite le 5 de ce mois par le cardinal de Noailles [3] ; ensuite il y porta le Saint-Sacrement, qu'il alla

1. Le 1ᵉʳ août, ils n'avaient point encore attaqué la contrescarpe (*Dangeau*, tome XIII, p. 175).

2. Cette rivière, ayant débordé, avait forcé Philippe V à abandonner le siège de Balaguer et à se retirer sous Lérida.

3. Sur cette dédicace et sur la beauté de la nouvelle chapelle de Versailles, voir les *Mémoires de Saint-Simon*, tome XIX, p. 384-368, et le commentaire qui y est joint.

prendre dans l'ancienne, et, dès l'après-dînée, l'on commença à la démolir pour y faire dans la suite, un magnifique degré. Quand le cardinal eut mis le Saint-Sacrement dans le tabernacle de la nouvelle, il y dit la première messe, et le service s'y fait depuis avec plus de facilité et d'ordre que dans l'ancienne. C'est un morceau des plus beaux et par l'architecture, et par la peinture, et par la sculpture ; elle paroît fort du goût de tout le monde, et, tous ces jours-ci, il y a eu un grand concours de peuple pour la voir.

Voilà, mon très cher frère, le principal de ce qui se passe et de ce que je sais. Il y a cependant pour moi quelque chose que je regarde comme tel, c'est la continuation de votre amitié ; je ne saurois trop vous la demander, quoique j'en sois bien assuré, ni vous renouveler assez les assurances d'une tendresse qui durera autant que ma vie.

LOUIS.

CLXXV.

AU ROI PHILIPPE V.

A Versailles, le 7 juillet 1710.

Nous avons été occupés tous ces jours-ci, mon très cher frère, aux noces de mon frère de Berry, qui fut enfin marié hier par le cardinal de Janson [1],

---

1. Le *Mercure* de juillet, p. 50-57, donna une description de la cérémonie, et la relation officielle du grand maître des cérémo-

et le Roi fut le soir lui vingt-huitième à table[1]. Il seroit trop long de vous nommer tout ce qui y étoit; mais, en général, il y avoit tout ce qui pouvoit y être et qui étoit en âge de raison, à la réserve de mon fils aîné, qui commence pourtant à en avoir beaucoup, mais qui est encore absolument enfant.

Il me paroît que mon frère deBerry est fort content, et j'espère qu'il fera un bon ménage avec Madame sa femme. Le Roi lui a donné pour apanage les duchés d'Alençon et d'Angoulême, le Ponthieu, Cognac et une autre terre dont je ne sais pas le nom, et lui a permis en même temps de garder pour lui seulement le nom de duc de Berry[2]. La cour a été aussi parée que le pouvoit permettre un temps difficile comme celui où nous sommes, et très nombreuse. Je ne voudrois pas, quelque peu cérémonieux que ce mariage ait été, qu'il nous vînt tous les jours de pareilles choses ; car elles sont assez fatigantes.

C'est ce qui fait que, ne s'étant rien passé de nouveau en Flandres depuis la prise de Douay, et rien non plus que je sache des autres côtés, je finis ma lettre en vous embrassant de tout mon cœur et vous demandant, mon très cher frère, la continuation de votre tendresse.

LOUIS.

nies a été publiée en appendice des *Mémoires de Saint-Simon*, tome XIX, p. 535-542.

1. Ce souper de gala fut servi en public dans la grande antichambre de l'appartement du Roi à Versailles.

2. Saint-Simon (*Mémoires*, tome XX, p. 207-210) a raconté les divers changements qui se produisirent dans la constitution

CLXXVI.

AU ROI PHILIPPE V.

A Marly, le 20 septembre 1710.

Vous jugez aisément par la tendresse que j'ai pour vous, mon très cher frère, combien j'ai été touché du malheur arrivé en Espagne et que les premières nouvelles nous faisoient presque sans remède [1].

Le Roi m'a dit ce que vous l'aviez prié de me dire, et je suis fort sensible à cette marque de votre amitié dans une occasion où vous aviez à penser à plus d'une chose. J'ai eu bien du plaisir, au milieu de cette triste affaire, d'apprendre la fermeté avec laquelle vous la soutenez et que vous travaillez à la réparer le plus promptement qu'il vous sera possible. Il me semble que le Roi, de son côté, y concourt aussi en tout ce qui pourra ne point préjudicier à la défense de ses frontières. La constance des Castillans, et même l'affection des Aragonnois, sont des choses qui y contribueront beaucoup et qui retarde-

de l'apanage du duc de Berry, notamment à propos du Ponthieu. Le Roi trouva que ce pays « sentoit trop la poudre à canon pour être donné en apanage » et le remplaça par le comté de Gisors.

1. C'est le combat livré le 20 août près de Saragosse et dans lequel les troupes de Philippe V furent repoussées ; mais les premières nouvelles envoyées par le gouverneur de Saragosse avaient représenté l'affaire comme une déroute complète, ce qui était exagéré (*Journal de Dangeau*, tome XIII, p. 232-233, 234 et 236).

ront les progrès dont les ennemis se peuvent flatter présentement. Je crois que l'arrivée du duc de Vendôme y sera fort nécessaire aussi [1]. Il auroit été seulement à souhaiter qu'il eût pu être plus tôt auprès de vous. Quoique vous le connoissiez déjà, il ne sera pas mal à propos que je vous en dise un petit mot, qui, je vous proteste, est sans passion ; car Dieu sait comme je suis sur son chapitre, ne lui attribuant rien de ce qui vient apparemment d'autres personnes, et connoisant son attachement et son respect pour le Roi, pour Monseigneur et pour toute la famille royale.

Le [2] caractère de M. de Vendôme est donc présomptueux ; tout ce qu'il souhaite il le croit, et ce qu'il craint il pense qu'il n'arrivera jamais. Il est opiniâtre, et, quand il a une fois une chose dans la tête, on ne la lui peut ôter. Il est haut et prompt, souvent même envers ses meilleurs amis. D'ailleurs il est paresseux, et je crois que les maladies qu'il a eues y contribuent. Sa confiance et sa paresse se joignent et s'accommodent ensemble ; son corps est pesant, et, après une journée de fatigue, le sommeil l'accable indispensablement. Il n'est pas assez prévoyant, ce qui est encore une suite de sa confiance ;

---

1. Sur les instances pressantes de Philippe V, le Roi venait de consentir à lui envoyer le duc de Vendôme pour commander ses troupes.

2. Ce portrait de Vendôme par le jeune prince est à rapprocher de ce qu'il écrivait à Mme de Maintenon du caractère de ce général, trois jours après la défaite d'Audenarde (Marquis de Vogüé, *Le duc de Bourgogne et le duc de Beauvillier*, p. 229-230).

il a tout le courage imaginable, et peut-être trop, s'exposant un jour d'action plus qu'un simple soldat, les meilleures intentions du monde et un bon cœur. Voilà en peu de mots, mon très cher frère, un portrait fidèle de M. de Vendôme, dans lequel je n'ai cherché pour le bien de la chose qu'à vous le faire connoître tel qu'il est ; car, Dieu merci ! ma disposition n'est pas de dire du mal quand il n'est pas nécessaire.

Comme je ne doute pas que vous ne sachiez les nouvelles de ces côtés-ci et d'Allemagne, je ne vous en dis rien ; vous devez être assez occupé de ce qui se passe chez vous. Je ne crois pas qu'il soit nécessaire de vous recommander un secret inviolable sur ce que je vous écris de M. de Vendôme, à la réserve de la reine.

Adieu, mon très cher frère, conservez-moi toujours votre amitié ; je prie Dieu que ce ne soit pas toujours par de pareils malheurs que je sente si vivement celle que j'ai et aurai pour vous toute ma vie.

LOUIS.

CLXXVII.

A LA REINE D'ESPAGNE.

A Marly, le 5 septembre 1710.

Voici une triste conjoncture, Madame, pour prendre la plume, et j'avoue que je n'aurois jamais eu le courage de le faire, si je n'y étois engagé par tout ce que l'amitié m'a fait sentir dans cette occasion. J'apprends que le roi et vous soutenez cette adversité avec une fermeté qui ne se peut assez louer et que l'on travaille promptement aux remèdes.

Comme je prie le roi de vous montrer la lettre que je lui écris, je ne dirai rien davantage sur ce chapitre, vous conjurant, Madame, de me continuer toujours l'honneur de votre amitié et d'être persuadée que la mienne pour vous est plus tendre et plus respectueuse que je ne le saurois exprimer.

Louis.

Oserois-je vous prier, Madame, de nommer quelquefois mon nom au prince votre fils, afin qu'une des premières choses qu'il apprenne soit qu'il a en France un oncle qui l'aime bien tendrement.

CLXXVIII.

AU ROI PHILIPPE V.

A Versailles, le 25 septembre 1710.

Je reçus, il y a huit jours, mon très cher frère, votre lettre du 1er de ce mois. Vous aurez vu, par la dernière que je vous ai écrite, combien j'avois été touché du malheur arrivé près de Saragosse et de la situation où vous alliez vous trouver. J'apprends aujourd'hui que la marche des ennemis ne vous permet pas de demeurer avec prudence à Madrid et que vous transportez votre cour à Valladolid [1].

1. C'est le 10 septembre que la cour d'Espagne quitta

Je ne doute pas que vous ne receviez toutes ces choses de la main de Dieu, qui nous favorise d'autant plus qu'il nous frappe plus rudement en cette vie. Il nous est bien nécessaire depuis quelque temps de nous soutenir dans ces pensées ; mais il faut espérer que Dieu, après nous avoir humiliés, ne nous écrasera pas tout à fait.

L'état des affaires en Dauphiné ne peut encore faire juger quand on pourra travailler à la diversion si nécessaire du côté du Roussillon ; les ennemis sont toujours campés près du maréchal de Berwick, n'ayant d'autre but, à ce qu'il semble, que de l'empêcher de faire des détachements considérables.

Vous saurez sans doute que, du côté d'Artois, les ennemis assiègent Aire et Saint-Venant en même temps [1], et qu'ils ont ouvert la tranchée devant la première de ces places la nuit du 13 au 14 de ce mois ; c'est une entreprise qui doit leur consumer le reste de la campagne, et, si le temps se tournoit à la pluie, peut-être auroient-ils peine à l'achever ou du moins traîneroit-elle en une extrême longueur [2]

J'en reviens au pays où vous êtes, et j'attends avec une extrême impatience des nouvelles de l'ar-

Madrid, accompagnée d'une grande partie de la noblesse ; elle arriva à Valladolid peu de jours après, et cet exode détermina chez les Espagnols un élan de patriotisme qui conserva son trône à Philippe V.

1. Ces deux villes furent assiégées le 6 septembre ; voyez les références indiquées dans le tome XIX des *Mémoires de Saint-Simon*, p. 411, note 3.

2. Saint-Venant capitula le 30 septembre ; Aire résista jusqu'au 8 novembre.

rivée du duc de Vendôme auprès de vous et encore plus à la tête de votre armée.

Je ne suis pas non plus sans inquiétude sur votre santé sachant que vous avez été incommodé une partie de la campagne et craignant que le chagrin ne contribue pas à la bien rétablir ; je suis ravi cependant que celle du prince votre fils le soit ; nous avons su, Dieu merci ! sa guérison presque aussitôt que sa maladie.

Adieu, mon très cher frère, soyez persuadé que ma tendresse pour vous est toujours la même, que je sens tout ceci aussi vivement que je le dois et la difficulté que nous avons d'y remédier vu l'état où nous sommes nous-mêmes.

Faites, je vous prie, mes compliments à la reine, et témoignez-lui combien je suis sensible à tout ce qui la touche. Je vous embrasse du meilleur de mon cœur.

Louis.

CLXXIX.

AU ROI PHILIPPE V.

A Versailles, le 28 septembre 1710.

Je me sers de l'occasion du départ de Ducasse [1], mon très cher frère, pour vous renouveler les témoignages de ma tendresse, qui me fait sentir bien vivement l'état où vous vous trouvez. Je suis cepen-

---

1. Il partait en Espagne pour s'embarquer sur une escadre qui allait escorter les galions du Mexique.

dant consolé en partie par l'affection que vos grands
et le reste de vos sujets vous témoignent [1], et c'est
un grand point que d'avoir les cœurs des hommes ;
car ils ne se perdent point par la force : elle peut
subjuguer ; mais les retours sont presque certains.
J'avoue que cette constance de la nation espagnole
redouble encore l'estime que j'avois déjà pour elle.
Vous pouvez être assuré de mon suffrage pour les
secours qui ne nous préjudicieront point, et mon
amitié pour vous ne me laissera pas l'oublier dans
les occasions.

Il y a quelques jours que la garnison d'Ypres a
brûlé un grand convoi aux ennemis sur la Lys, et
battu l'escorte [2]. Cette affaire, dont vous aurez sans
doute la relation, pourra traîner les sièges d'Aire et
de Saint-Venant plus en longueur, et c'est toujours
une petite supériorité des troupes du Roi sur celles
des Alliés, qui leur fait voir qu'elles ne sont pas
devenues invincibles.

Vous serez touché certainement de la mort de

---

1. Saint-Simon a peint ce dévouement des Espagnols avec
sa vigueur coutumière : « Tout se saigna de soi-même, a-t-il
dit, jusqu'à la dernière goutte de sa substance, pour lever en
diligence de nouvelles troupes, former des magasins, porter
avec abondance toutes sortes de provisions à la cour et à tout
ce qui l'avoit suivie. Chacun, selon ce qu'il put, donna peu ou
beaucoup, mais ne se réserva rien. »

2. C'est le 19 septembre qu'un détachement de cette garnison,
sous les ordres de M. de Ravignan, atteignit au village de Vive-
Saint-Éloi un grand convoi des ennemis ; le marquis de
Sourches a inséré dans ses *Mémoires*, tome XII, p. 364-366,
une très curieuse relation de cette affaire par le chevalier de
Valence.

M. de Denonville, arrivée il y a aujourd'hui huit jours[1].
Je sais que vous l'aimiez, et vous l'avez assez vu
pour connoître qu'il étoit bon chrétien et parfaitement honnête homme ; il étoit certainement bien
attaché à tout ce qui vous regardoit. Je l'estimois et
l'aimois et regrette tout à fait sa perte ; mais j'espère absolument que Dieu lui a fait miséricorde ;
car il avoit véritablement le cœur droit devant lui,
et je prie pour lui avec confiance.

Adieu, mon très cher frère, soyez persuadé que
jamais rien ne sera capable de diminuer ma tendresse pour vous. Je m'assure que vous êtes dans
les mêmes sentiments. Faites, je vous prie, mes
compliments à la reine.

Louis.

J'oubliois de vous dire que Ducasse a beaucoup
d'attachement pour vous. Je crois que vous le connoissez déjà et que vous vous en apercevrez encore.
C'est un homme qui paroît avoir un bon cœur et
être bien intentionné.

CLXXX.

AU ROI PHILIPPE V.

A Versailles, le 21 octobre 1710.

J'ai vu avec plaisir, mon très cher frère, par ce
que m'a dit le duc de Noailles, que vos affaires n'é-

---

1. Jacques-René de Brisay, marquis de Denonville, mourut
le 24 septembre ; il avait été gouverneur général du Canada,
puis sous-gouverneur des petits-fils de Louis XIV.

toient pas en si mauvais état qu'il y avoit lieu de l'appréhender. Je l'en ai déjà entretenu et le ferai encore avant qu'il reparte d'ici. C'est un homme certainement bien affectionné à l'État et à vous aussi, dont il croit les intérêts plus liés que jamais.

Le courrier qui vous est dépêché aujourd'hui vous instruira des intentions du Roi, dont vous aurez, je crois, lieu d'être content [1]. Il me paroît que l'on ne sauroit rien faire de meilleur dans la conjoncture présente. Au reste, mon cher frère, le duc de Noailles m'a dit que vous l'aviez questionné si je n'étois point refroidi à votre égard. Il est vrai, mon cher frère, que, dans les choses où j'ai pu croire les intérêts de la France différents des vôtres, je me suis attaché à la France préférablement à l'Espagne ; mais, pour le fond du cœur, il a toujours été le même, et ce m'est une sensible joie que, les intérêts se réunissant, le devoir et l'amitié puissent tendre à un même but. Soyez donc, je vous prie, bien persuadé de ma tendresse et n'ayez plus aucun doute là-dessus. Je puis vous assurer que, dans les situations où nous nous sommes trouvés, vous en auriez fait autant que moi ; mais je puis vous assurer aussi que je n'ai jamais été que jusqu'où j'ai cru que l'exacte justice pouvoit me le permettre.

Encore un coup, mon très cher frère, aimez-moi toujours comme vous l'avez fait jusqu'ici, et comptez que la tendresse que j'ai pour vous durera autant que moi.

---

1. Louis XIV avait décidé de porter à cinquante escadrons et quarante bataillons l'armée du duc de Noailles qui devait opérer dans le nord de la Catalogne.

Le siège d'Aire dure toujours ; les assiégés se défendent à merveilles, et il y a apparence qu'il continuera encore une partie du mois prochain [1].

LOUIS.

CLXXXI.

AU ROI PHILIPPE V.

A Versailles, le 17 novembre 1710.

Les nouvelles que l'on reçut hier, mon très cher frère, de la retraite de l'Archiduc [2] pour vraisemblablement regagner la Catalogne, me font espérer que cette lettre vous pourra être rendue à Madrid et peut-être plus loin.

Je ne doute pas que l'armée que le duc de Noailles est sur le point d'assembler en Roussillon n'ait été un aiguillon pour l'Archiduc, et c'est ce qui me fait croire que sa marche se dirigera en Catalogne. Je ne vois pas même où il pourroit aller ; tous les autres pays vous sont fidèles ; toutes les places sont entre vos mains, et, quand même il se rendroit maître de Valence, cette conquête ne lui seroit pas fort utile, n'ayant point Tortose, et il la reperdroit dès qu'il s'en éloigneroit, comme j'espère qu'il reperdra bientôt Saragosse et le reste de l'Aragon. Il me paroît même que, quand il sera une fois rentré dans la Cata-

1. On a vu ci-dessus, p. 62, note 2, que la ville se rendit le 8 novembre.

2. L'Archiduc avait quitté Madrid, après un court séjour, pendant lequel il avait pu se rendre compte de la fidélité de la population au roi Philippe V.

logne, sa situation sera plus mauvaise qu'elle n'é-
toit au commencement de la campagne, n'ayant pas
une seule place de plus, ayant éprouvé la fidélité de
tous vos sujets à très peu près, et se trouvant trente
mille hommes de plus sur les bras. Ces pensées me
font regarder son entrée en Castille comme une
chose qui aura été avantageuse plutôt qu'autrement,
si l'on en excepte tous les désordres dont elle a été
suivie et ce que les peuples ont souffert [1]. Vous me
direz peut-être que je vais un peu vite dans mes raisonnements, puisque je ne sais encore que le départ
des ennemis de Madrid ; mais je peux vous répondre
à cela qu'ils sont fondés sur la vraisemblance et sur
le désir que j'ai de les voir accomplir, m'intéressant
à vos affaires aussi vivement que je vous aime tendrement.

Vous aurez reçu il y a déjà quelque temps la lettre
que je vous écrivis lorsque le duc de Noailles étoit
ici [2], et je me flatte que vous n'aurez pas désapprouvé
mes sentiments. Oui, mon cher frère, je ne puis
trop vous le répéter : vos intérêts sont les nôtres ;
j'en suis plus convaincu que jamais, et c'est ce qui
fait ma joie.

Je ne vous parle point de toutes les autres nouvelles : vous savez la prise d'Aire suivie de la fin
de la campagne de tous côtés, et les troubles
qui continuent en Angleterre, où les tories ou rigides

1. L'armée allemande du comte de Stahrenberg commit en
effet sur sa route beaucoup de pillages et de déprédations ;
elle séjourna à Tolède et, en quittant la ville, incendia le palais
de l'Alcazar.

2. C'est la lettre précédente.

prennent tout à fait le dessus. L'ouverture du Parlement qui s'approche nous fera voir si ce changement pourra nous être bon à quelque chose ou non.

Avant que de finir ma lettre, je ne saurois oublier de vous parler de la fidélité des Castillans. Elle me paroît merveilleuse et digne de toutes louanges. J'ai toujours eu une grande estime pour cette nation ; mais elle est encore bien augmentée depuis trois mois. On est bien heureux d'avoir un tel peuple à ses ordres. Je sais qu'il vous est attaché par le cœur, et je prie Dieu incessamment qu'il vous donne tout ce qu'il faut pour les bien gouverner en roi véritablement chrétien.

Adieu, mon très cher frère, c'est en lui que nous devons à jamais espérer, lui que nous devons à jamais aimer et servir. Oserois-je vous demander de prier aussi Dieu pour moi, afin qu'il me donne ce qui m'est nécessaire pour remplir tous mes devoirs. Je n'aurois pas traité cette matière si je ne savois qu'elle est de votre goût, ne répondant pas trop au reste de ma lettre.

Je vous embrasse de tout mon cœur et vous prie de m'aimer toujours autant que le mérite ma tendresse pour vous.

Louis.

CLXXXII.

AU ROI PHILIPPE V.

A Versailles, le 24 novembre 1710.

Vous trouverez sans doute, mon très cher frère, que la lettre que je vous écrivis il y a huit jours étoit un peu prématurée ; mais la vôtre du 6 novembre, que je reçus deux jours après, étoit différente des nouvelles que nous avions reçues, qui nous disoient l'Archiduc en marche pour repasser le Tage à Aranjuez, après avoir abandonné Tolède [1]. Quoique les choses ne soient pas si avancées que je le croyois alors, je trouve néanmoins vos affaires en beaucoup meilleur état que l'on n'auroit pu s'en flatter il y a deux mois, et j'espère que ce que je me suis figuré arrivera tôt ou tard. Il se peut bien que ma tendresse pour vous et le désir que j'ai de voir les ennemis éloignés de Castille me l'aient fait imaginer d'avance ; car vous pouvez être persuadé, mon très cher frère, que je prends un intérêt bien vif à tout ce qui vous regarde.

Je suis ravi que l'état de nos affaires propres fasse que vous puissiez être content de moi présentement, comme vous devez l'être en effet. La fin de la campagne a fait aussi finir toutes les nouvelles de ces côtés-ici, et la fin du temps que j'ai libre m'oblige de même à terminer ma lettre, en vous priant, mon très cher frère, de m'aimer toujours autant que le mérite la tendresse infinie que j'ai pour vous.

Louis.

1. Nouvelles insérées dans le *Journal de Dangeau*, au 16 novembre, tome XIII, p. 283.

CLXXXIII.

AU ROI PHILIPPE V.

A Versailles, 22 décembre 1710.

Le marquis de Bauffremont[1] allant près de vous, mon très cher frère, vous prier de l'honneur de la Toison d'or, ainsi que l'ont été son frère et beaucoup de sa famille, je ne dois pas lui refuser cette lettre pour vous recommander ses intérêts. Je dois vous écrire incessamment par un courrier qui partira après l'arrivée de Don Pedro de Zúñiga[2], et vous recevrez sans doute la lettre qu'il vous portera avant celle-ci. Cependant, comme c'est la première que je vous écris après avoir appris la nouvelle du gain de la bataille de Villaviciosa[3], je ne puis manquer de vous en témoigner ma joie sincère en vous embrassant, mon très cher frère, et vous priant de

1. Louis-Bénigne, marquis de Bauffremont, venait d'obtenir le régiment de son frère, le marquis de Listenois, tué au siège de Saint-Venant, et le Roi lui avait permis d'aller en Espagne demander pour lui-même le collier de la Toison d'Or qu'avait son frère.

2. Le marquis de Zuniga (tome I, p. 105) était envoyé en France par Philippe V pour apporter à Louis XIV le détail de la victoire de Villaviciosa.

3. Gagnée le 10 décembre par Vendôme et le roi d'Espagne sur l'armée de Stahrenberg. Philippe V en envoya à son grand-père une relation de sa propre main, qui a été publiée en appendice aux *Mémoires de Saint-Simon*, tome XX, p. 422-426.

m'aimer toujours autant que le mérite la tendresse
infinie que j'ai pour vous.

LOUIS.

CLXXXIV.

AU ROI PHILIPPE V.

A Versailles, le 26 décembre 1710.

Vous vous imaginerez aisément, mon très cher
frère, quelle joie j'ai ressentie aux deux nouvelles
consécutives des victoires que vous venez de rem-
porter sur vos ennemis[1] ; je viens, il n'y a pas une
heure d'en entretenir en détail Don Pedro de Zúñiga,
qui m'en a rendu un très bon compte.

Il me paroit que la première affaire n'a pas peu
influé sur la dernière et qu'il est fort à regretter que
vous n'ayez pas eu plus de jour pour envelopper le
corps des ennemis qui restoit encore en son entier ;
mais il faut espérer de la bonté de Dieu qui vous a
donné ces succès que ce débris n'aura pas une
retraite facile et que le duc de Noailles, que l'on vient
d'apprendre être devant Girone du 16, fera ce siège
avec une grande facilité.

Nous devons attendre de la même miséricorde
divine sa protection pour notre côté et que, l'ayant
fait sentir à l'Espagne, il la répandra aussi sur la
France. Il faut bien remercier Dieu de ces heureux
commencements, et je le fais en mon particulier de

---

1. La prise de Brihuega, 9 décembre, et la victoire de Villaviciosa, le lendemain.

ce qu'il vous a conservé au milieu des périls auxquels vous avez été exposé.

La stérilité des nouvelles et le départ du courrier qui presse font finir ma lettre, en vous assurant encore, mon très cher frère, que l'on ne peut avoir été plus touché que moi du grand succès que vous avez eu en personne, et que ma tendresse pour vous est inexprimable.

LOUIS.

N'oubliez pas, je vous prie, de témoigner de ma part au duc de Vendôme combien je suis sensible au grand service qu'il vient de vous rendre et qui sans doute aura de grandes suites et pour vous et pour nous [1].

CLXXXV.

A LA REINE D'ESPAGNE.

A Versailles, le 26 décembre 1710.

C'est avec bien de la joie, Madame, que je me trouve aujourd'hui répondant à deux lettres que vous m'avez fait l'honneur de m'écrire et toutes deux remplies d'événements bien glorieux pour le roi mon frère. On doit certainement, Madame, s'en promettre des suites encore plus avantageuses, et je ne serois point étonné que l'Archiduc fût obligé de

1. Voir dans l'appendice des *Mémoires de Saint-Simon*, tome XX, p. 446, la lettre de félicitations, bien tardive (2 février) et plutôt banale, que le prince écrivit au duc de Vendôme.

sortir d'Espagne avant la fin de l'hiver. Je crois
qu'en ce cas le roi de Portugal n'auroit pas beau
jeu et qu'il seroit le premier, en demandant la paix,
à prévenir les malheurs qui le menaceroient. Je me
suis acquitté, Madame, envers mon frère de la commission que vous m'aviez donnée pour lui ; voici
une occasion où il réparera les fautes que la paresse
peut lui avoir fait commettre. Pour moi, Madame,
je m'en sers avec un extrême plaisir pour vous
témoigner l'amitié la plus tendre et la plus sincère
et, vous demandant toujours l'honneur de la vôtre,
vous souhaiter d'avance l'année prochaine aussi
heureuse que la fin de celle-ci.

Louis.

CLXXXVI.

AU ROI PHILIPPE V.

A Marly, le 7 janvier 1711.

Je commencerai cette lettre, mon très cher frère,
par vous souhaiter cette année où nous entrons
aussi heureuse que l'a été la fin de la dernière, et
que Dieu vous y comble de grâces spirituelles et
temporelles, vous faisant en même temps celle d'en
bien user pour sa gloire. La tendresse infinie que
j'ai pour vous me le fait désirer plus que personne.

Nous avons appris depuis deux jours une nouvelle qui peut apporter un grand changement dans
les affaires de l'Europe. Le Grand Seigneur a déclaré enfin la guerre au Czar le 20 novembre dernier,

tant à cause que ce prince a manqué au traité de
Carlowitz en plusieurs points, ainsi qu'il le prétend,
que pour remettre le roi de Suède dans ses États,
lui ayant promis de l'assister il y a déjà dix-huit
mois. C'est le khan des Tartares qui a eu la plus
grande part à cette résolution. On prétend que le
Grand Seigneur veut assembler trois cent mille
hommes et aller lui-même jusqu'à Bender pour y
voir le roi de Suède [1]. Cette guerre entreprise contre
le Czar retombe aussi sur le roi Auguste son allié et
ennemi du roi de Suède, et il est bien difficile que
l'Empereur ne reporte pas une partie de ses troupes
en Hongrie, tandis qu'il y aura de si grandes forces
turques dans son voisinage. Ainsi vous devez, aussi
bien que nous, vous sentir d'une diversion qui n'a
été attirée que par la bonne volonté du Grand Seigneur pour le roi de Suède. J'avoue que je n'aurois
jamais voulu susciter un prince mahométan contre
des chrétiens; mais aussi pouvons-nous profiter de
cette diversion que Dieu permet peut-être pour
punir les Alliés.

On dit ici que les mauvaises nouvelles d'Espagne,
arrivées en même temps que celles de Constantinople, font un grand effet à la Haye, et je ne doute
pas que les Alliés ne se trouvent bien éloignés de leur
compte. Il se peut bien faire même que l'affaire
dont vous entendrez parler par le retour de ce cour-

---

1. C'est en effet ce que racontaient les gazettes étrangères,
comme la *Gazette de Leyde* (n° 69 de 1710) ; voir aussi le
Journal de Dangeau, tome XIII, p. 308-309, 315, 321, 324,
326-327, 357-358.

rier vienne de quelque dessein de rouvrir une voie aux négociations ; mais, si jamais on les reprend, j'espère, s'il plaît à Dieu, que la fin en sera toute opposée à ce qu'étoit celle des dernières[1]. Nous devons cependant voir entre ci et peu de temps les effets de la déclaration du Turc et les troupes que nous aurons de moins cette année sur les bras. Je crois aussi que le roi de Suède reparoîtra sur la scène très peu content des Alliés. L'on prétend qu'ils avoient gagné son principal ministre pour le faire sortir d'Allemagne, il y a bientôt quatre ans, et le conduire à la guerre de Moscovie, où il a échoué ; enfin ce sont ces mêmes Alliés qui ont fait conclure le traité de neutralité entre la Suède, le Danemark et le roi Auguste[2], mais que le roi de Suède a toujours rejeté, n'ayant été fait que par la régence de Stockholm. Toutes ces choses doivent avoir aliéné le roi de Suède des Alliés et par conséquent l'avoir rapproché de nous. Il n'a pas lieu non plus d'être satisfait de l'Empereur en particulier, qui n'a pas exécuté toutes les conditions faites dans le traité au sujet de la religion en Silésie. Le roi de Danemark de son côté, après avoir commencé la guerre contre la Suède de la manière dont il l'a fait, laissera-t-il toutes ses troupes en Flandre, lorsqu'il verra revenir son ennemi, qui ne peut être que très irrité contre lui ? Toutes ces considérations, encore un coup, nous font espérer une suite avantageuse de ce nouvel

1. Les négociations engagées à Gertruydenberg avaient été rompues par suite des exigences des Alliés.

2. Ci-dessus, p. 51.

événement. Les Alliés dont l'unique but est de péné-
rer en France pour apparemment la conquérir, s'ils
ne peuvent pas avoir l'Espagne, les Alliés, dis-je,
s'ils sont inférieurs en Flandre par ces diminutions
que l'on peut attendre, ne devront pas se flatter
de venir encore cette année à bout de leur dessein.
Peut-être même trouvera-t-on moyen de les éloigner dans le cours de la campagne ; il ne se peut
qu'ils ne soient très las d'une guerre aussi longue et
qui leur coûte des sommes immenses ; peut-être de
là se détermineront-ils à la finir par une paix possible ; car tout ce qu'ils ont voulu jusqu'ici étoit
manifestement impossible.

Voilà bien des raisonnements, mon très cher
frère, que le désir me fait peut-être imaginer, quoiqu'ils ne paroissent pas hors du vraisemblable ;
l'avenir fera juger s'ils sont bons ou non, en tout
ou en partie ; ils sont écrits à la hâte et par conséquent pleins de redites, que je vous prie d'excuser ; mais cette lettre n'est pas faite pour être une
pièce d'éloquence ; ce que j'y dois chercher de plus
est de vous bien persuader, mon très cher frère,
de toute la tendresse que j'ai pour vous ; elle est
telle qu'elle a toujours été et toujours dû être. Conservez-moi donc toujours la vôtre et que l'union de nos
cœurs devienne par la grâce de Dieu plus forte dans
cette année que dans les dernières.

Louis.

Si cette lettre vous arrive étant auprès de la reine,
faites-lui bien mes compliments et permettez-moi
de vous témoigner à l'un et l'autre la part que je

prends à la joie que vous aurez eue de vous revoir, principalement dans un état si différent de celui où vous étiez dans le temps de votre séparation.

CLXXXVII.

AU ROI PHILIPPE V.

A Versailles, le 2 février 1711.

J'étois à Rambouillet à la suite de Monseigneur pour une partie de chasse [1], lorsque je reçus la lettre que vous m'avez écrite le 8 du mois dernier, mon très cher frère. Je trouvai à mon retour que le Roi s'étoit déterminé au contraire de ce que vous pouviez désirer sur le passage des recrues que vous vouliez tirer des Pays-Bas. Je ne vous répéterai point les raisons qui y ont engagé le Roi ; tout ce que je vous puis assurer, c'est qu'il faut qu'elles aient été bien convaincantes ; car le Roi est plus déterminé que jamais à soutenir vos intérêts, et, pour moi, vous me trouverez toujours prêt à vous servir en tout ce qui dépendra de moi. La réunion de nos intérêts et l'amitié tendre que j'ai pour vous doivent vous être de bons garants.

Nous n'avons point eu de nouvelles du siège de Girone depuis le 15 du mois dernier, ce qui est très long et donne quelque inquiétude ; j'espère

---

1. Dangeau dit le dimanche 18 janvier (p. 324) : « Monseigneur et Messeigneurs ses enfants, et aussi Monsieur le Duc, allèrent l'après-dînée à Rambouillet, d'où ils reviendront mercredi pour le Conseil. »

néanmoins que Dieu fera finir cette entreprise heureusement. Je prends part à la joie que vous aurez eue de revoir la reine et le prince votre fils, après une absence si fâcheuse dans son principe.

J'oubliois de vous dire que le dessein que vous me marquez avoir d'établir vos quartiers dans le cœur de la Catalogne me paroît fort bon ; les ennemis se trouveront bien resserrés et mourroient de faim, s'ils n'avoient la mer. Il est vrai que le petit nombre auquel ils sont réduits leur donnera lieu de subsister plus facilement. On ne sauroit assurément trop remercier Dieu de la manière dont il a conduit vos affaires ; je le fais comme vous m'en priez, et lui demande aussi pour vous ce que vous désirez pour l'accomplissement de vos devoirs.

J'ai reçu du duc de Vendôme les compliments dont je vous envoie la réponse. Je suis ravi qu'il vous serve bien et vous répéterai encore que je n'ai point mis sur son compte ce dont on l'a voulu charger à mon égard [1].

Adieu, mon très cher frère, faites bien mes compliments à la reine, je vous en prie ; aimez-moi toujours et soyez persuadé de la sincérité de ma tendresse pour vous.

LOUIS.

1. Lors de la campagne de 1708 ; ci-dessus, p. 59-60.

CLXXXVIII.

AU ROI PHILIPPE V.

A Marly, le 9 février 1711.

Enfin, mon très cher frère, je puis aujourd'hui vous faire compliment sur la prise de Girone [1]. Je dis enfin, car j'avoue que la longueur du siège commençoit à m'ennuyer et que je craignois qu'il ne vînt encore quelques contre-temps semblables à ceux que l'on avoit déjà essuyés. Il auroit été à souhaiter que l'on eût pu avoir la garnison prisonnière de guerre ; mais, comme cela n'auroit pu être qu'en l'assiégeant dans les forts, cela auroit encore coûté beaucoup de temps et de fatigue aux troupes, et leur prompte reddition est une chose qui étoit importante. Le duc de Noailles s'est conduit dans toute cette affaire avec beaucoup d'activité et de capacité, et je suis sûr qu'il deviendra un grand sujet pour la guerre.

On sera bientôt en état sans doute de resserrer les ennemis dans Barcelone, et j'espère que les nouveaux secours que l'on y doit faire passer, n'empêcheront pas que la situation de l'Archiduc ne soit des plus embarrassantes. Je suis ravi de ce que j'ai appris que la plus grande partie des Aragonnois ne s'étoit point livrée à lui et que ces peuples vous donnent des marques de leur fidélité.

---

1. Girone avait capitulé le 23 janvier ; le brigadier Planque en apporta la nouvelle à Marly le 4 février.

Les nouvelles des autres pays sont assez stériles présentement. Il n'y a qu'en Angleterre où les brouilleries continuent et où l'on dit que le duc de Marlborough tâche de se raccommoder avec le parti dominant, qui est celui des épiscopaux.

J'oubliois de vous dire qu'il me paroît que vous avez pris le meilleur parti qu'il y avoit à prendre sur la commission dont le Roi a chargé depuis peu le duc de Vendôme [1]. Je ne sais point encore si l'affaire qui y a donné lieu aura quelque suite ou non.

Adieu, mon très cher frère, conservez-moi toujours votre amitié et soyez persuadé que je vous aime plus tendrement que je ne le saurois exprimer.

LOUIS.

1. A la suite de la victoire de Villaviciosa, Louis XIV usa du crédit qu'elle donnait à Vendôme sur Philippe V pour faire passer par lui les commissions les plus délicates. En janvier 1711, il le chargea d'obtenir de Philippe V qu'il livrât de lui-même à l'électeur de Bavière, dépouillé de ses États, les quatre dernières places que l'Espagne possédait aux Pays-Bas. (Les Pays-Bas étaient la compensation promise à l'électeur.) Philippe V y répugnait ; le 30 janvier 1711 il avait écrit de sa main à son aïeul une lettre habile et déférente (doublée d'une lettre du duc de Vendôme), dans laquelle, tout en lui promettant de s'incliner devant sa volonté, il le conjurait d'envisager une dernière fois les conséquences d'un tel abandon. C'est à cette réponse arrivée depuis peu à Versailles que le duc de Bourgogne fait allusion. En raison de certains renseignements nouveaux, Louis XIV lui-même hésitait et c'est ce que signifie la dernière phrase de la lettre. Cf. *Philippe V et la Cour de France*, t. I, p. 427-432, avec l'indication des lettres échangées entre Louis XIV, Philippe V et le duc de Vendôme.

CLXXXIX.

A LA REINE D'ESPAGNE.

A Marly, le 9 février 1711.

La prise de Girone est une conjoncture trop avantageuse, Madame, pour laisser passer l'occasion de vous en marquer ma joie. Je crois qu'elle achèvera de détromper les ennemis sur leur prétendue victoire, dont ils commencent bien déjà à se désabuser, et qu'elle réduira les affaires de l'Archiduc dans une grande extrémité.

J'ai eu quelque inquiétude, Madame, en apprenant que vous, et ensuite le prince votre fils, avez été malades, mais Dieu merci ! cette peine a été courte.

Permettez-moi, Madame, de prendre part au plaisir que vous avez eu de revoir le roi glorieux et vainqueur de ses ennemis. Je prends trop d'intérêt à tout ce qui vous regarde pour ne me pas réjouir de ce qui vous touche si sensiblement, ayant pour vous l'amitié la plus tendre et la plus respectueuse, et vous priant de me conserver toujours l'honneur de la vôtre, qui m'est plus précieuse que je ne le puis dire.

Louis.

CXC.

AU ROI PHILIPPE V.

A Versailles, le 9 mars 1711.

J'appris hier par votre lettre du 24 du mois dernier, mon très cher frère, que les ennemis avoient abandonné Balaguer à l'approche de votre armée[1]; ils vont certainement être bien resserrés sur les bords de la mer, et cela me fait un extrême plaisir.

Voyant vos affaires continuer à bien aller, j'espère que la suite sera de même et que de notre côté tout ira mieux aussi. La levée des milices s'achève; le Roi donne cent cinquante hommes par bataillon à toute l'armée de Flandres, dont ce secours rendra l'infanterie complète à peu de choses près; les magasins sont faits, et l'armée sera en état de faire des mouvements considérables sans craindre de s'éloigner de ses vivres. Les ennemis le savent et se trouvent, je crois, un peu loin de compte; cependant ils se préparent, à ce qu'ils disent, à de grandes entreprises et ne doutent pas d'avoir encore la victoire s'ils combattent l'armée du Roi. J'espère, s'il plaît à Dieu, qu'ils se tromperont en l'un et l'autre point et qu'ils verront, si le cas arrive, qu'ils ne sont pas plus invincibles en cette guerre que dans les autres.

Il y a eu depuis quinze jours de grands déborde-

---

1. C'est le 23 février que la garnison, composée de deux ou trois cents hommes en fort mauvais état, avait évacué cette petite place.

ments d'eaux presque par tout le royaume, qui ont fait beaucoup de désordres. On a été en bateau en une partie des rues de Paris ; on ne passoit plus aux ponts de Saint-Cloud ni de Sèvres, et ce dernier étoit sous l'eau ; mais Dieu merci ! les eaux sont baissées et la rivière rentre dans son lit. Il seroit à souhaiter que les suites des autres inondations ne fussent pas plus fâcheuses ; mais il s'en faut bien que cela ne soit ainsi [1].

Monsieur le Duc perdit, il y a quatre jours, le grand procès qu'il avoit au parlement de Paris contre ses trois tantes au sujet de la succession de feu Monsieur le Prince, en sorte qu'au lieu d'un bien de vingt à vingt-cinq millions qu'il devoit avoir presque tout entier, la succession se va partager *ab intestat* [2]. Monsieur le Duc en aura encore plus de la moitié, qu'il aura à repartager avec deux frères et cinq sœurs ; tels sont ordinairement les succès de la politique humaine.

Adieu, mon très cher frère ; il est tard ; faites mes compliments à la reine ; conservez-moi votre amitié et ne doutez pas de la sincérité de ma tendresse.

Louis.

---

1. On trouvera dans la *Correspondance des contrôleurs généraux*, tome III, n° 932, des renseignements sur ces inondations, qui furent générales par tout le royaume.

2. Voyez, sur ce procès qui divisa toute la maison de Condé, les *Mémoires de Saint-Simon*, édition Boislisle, tome XX, p. 315-323.

CXCI.

AU ROI PHILIPPE V.

A Versailles, le 13 avril 1711.

Vous serez sans doute dans une extrême inquiétude, mon très cher frère, en recevant cette lettre ; mais j'espère qu'alors nous en serons déjà délivrés. Monseigneur est jusqu'ici dans la meilleure situation qu'il puisse être pour la grande maladie dont il est attaqué et qui ne peut être que fort dangereuse à son âge[1]. Elle avoit commencé avec un grand assoupissement, qui fit craindre d'abord aux médecins que ce ne fût une fièvre maligne, en sorte qu'ils furent bien aises avant-hier matin lorsque la petite vérole se déclara. Ils le traitent avec beaucoup de sagesse ; lui-même n'est point inquiet, et, à moins qu'il n'arrive des accidents, ce qu'à Dieu ne plaise ! il y a apparence qu'il s'en tirera heureusement et que sa santé n'en sera que meilleure dans la suite.

Le Roi alla s'établir à Meudon dès le lendemain qu'il fut malade et m'ordonna de demeurer ici avec mon frère de Berry, qui, non plus que moi, n'a eu que la petite vérole volante. J'avois vu Monseigneur le premier jour qu'il eut la fièvre et que rien n'é-

---

1. Le Dauphin fut attaqué de la petite vérole le 9 avril 1711 et mourut le 15. La lettre du duc de Bourgogne est écrite au moment où la maladie battait son plein, mais quand on espérait encore sauver le prince. Saint-Simon en a longuement parlé dans ses *Mémoires* (t. XX de l'édition Boislisle, et appendice I).

toit déclaré. Nous recevons à tout moment des nouvelles de Monseigneur, qui jusqu'ici calment un peu notre juste inquiétude. Mme la duchesse de Bourgogne, qui a eu la petite vérole très fort avant que de venir en France, a été aujourd'hui voir le Roi à Marly. Pour mon frère et moi, nous lui avons seulement fait la révérence sur son passage, à son aller et à son retour.

La matière dont je parle m'occupe si fort que vous ne trouverez pas étrange que je n'en traite point d'autre, et, à la vérité, il n'y en a pas beaucoup d'autres à traiter. L'on fait en beaucoup de lieux des prières publiques qui obtiendront la santé de Monseigneur encore plus que les remèdes n'y contribueront.

Adieu, mon très cher frère, faites bien mes compliments à la reine; je sens pour vous d'avance tout ce que vous sentirez en apprenant le danger de Monseigneur. Je vous embrasse et vous aime de tout mon cœur.

LOUIS.

CXCII.

AU ROI PHILIPPE V.

A Versailles, le 15 avril 1711.

Le sujet de cette lettre est si triste, mon très cher frère, que je n'ai pas la force de vous en parler. Je prends part à votre douleur qui n'est que trop commune avec la mienne. Reposons-nous sur l'immense miséricorde de Dieu. Faites mes compliments à la reine ; je vous embrasse de tout mon cœur.

LOUIS.

CXCIII.

AU ROI PHILIPPE V.

A Marly, le 26 avril 1711.

Je ne vous écrivis qu'un seul mot, mon très cher frère, le 15 de ce mois au sujet du malheur qui nous est arrivé ; je ne doute pas qu'ayant un aussi bon cœur que le vôtre, vous n'en ayez été bien vivement touché. J'ai beaucoup pris de part à votre peine, et je suis bien sûr que vous en aurez aussi pris à la mienne ; j'en ai été secoué et pénétré et m'en suis trouvé incommodé pendant quelques jours, c'est-à-dire sans appétit et languissant ; mais, Dieu merci ! je suis mieux présentement. C'est un coup de la main de Dieu qu'il faut adorer avec soumission, ainsi que le nouveau dont nous apprîmes hier la nouvelle.

Vous voyez bien que c'est de la mort de l'Empereur [1] dont je veux vous parler. Dieu défend que l'on s'en réjouisse, comme nous ne pouvions la souhaiter, quand nous sûmes sa maladie ; mais il permet et veut même que l'on profite des bonnes suites que l'on peut en envisager. Que va devenir l'Alle-

---

1. L'empereur Joseph Ier mourut le 17 avril à Vienne, à trente-trois ans, après une courte maladie.

magne ? car il ne faut pas douter que plusieurs princes ne prétendent à l'Empire et, sans compter les Allemands, les ducs de Savoie et de Lorraine ne se mettront-ils point sur les rangs ? Que fera l'Archiduc, qui n'est point sûr de la Hongrie, ni peut-être même de la Bohême ? je ne doute pas qu'il ne quitte Barcelone pour courir promptement en Allemagne, et qu'il ne préfère l'espérance de l'Empire au hasard de perdre ce qui lui reste en Espagne. On ne peut rien juger de certain de ce qui se va passer ; mais ce qui l'est presque, c'est qu'une partie des troupes des Alliés seront rappelées en Allemagne, et qu'il ne se peut que nous ne nous trouvions très soulagés par les suites d'un événement d'une telle conséquence. Le plus grand avantage que l'on peut tirer seroit une bonne paix à la satisfaction de tout le monde, et c'est à quoi je ne doute pas que ne tendent vos souhaits aussi bien que les miens.

Cependant la guerre est déjà recommencée en Flandres ; l'armée du Roi s'assembla hier entre Arras et Bouchain ; l'on avoit formé le projet de marcher en forces à de pétits camps qui étoient derrière le canal de la haute Deûle et la Scarpe, pour forcer ces passages et tâcher de prendre un quartier de ce côté. Comme c'est un pays très difficile, on croyoit, en s'y retranchant, qu'un corps médiocre seroit capable de s'y soutenir contre toute l'armée ennemie et que l'on pourroit faire le siège de Douay ; mais les ennemis se sont assemblés hier eux-mêmes devant la Scarpe du côté de Saint-Amand, soit qu'ils vouloient faire une entreprise prématurée, ou nous en empêcher, de manière que les deux armées se

sont rassemblées en même jour comme si elles s'é-
toient donné le mot [1].

Il me semble que la conjoncture demande que
l'on se tienne en repos ; car ce n'est qu'avec le temps
que l'on verra ce qui arrivera, et il ne faudroit pas
que le pied nous glissât, à présent moins que jamais,
étant prêts, peut-être d'ici à peu de temps, de
reprendre une grande supériorité. La matière dont
je vous écris donne lieu à tant de raisonnements et
de conjectures que l'on en pourroit écrire des cahiers
entiers ; mais le temps nous en apprendra plus
encore et plus sûrement que des prévoyances souvent trompeuses.

J'ai été fort inquiet tous ces jours-ci de la santé de
la reine, et j'appris hier, Dieu merci ! qu'elle étoit
hors d'affaire ; j'espère que sa convalescence ira
vite et que toutes choses tourneront bien de tous
côtés.

Vous aurez su que le Roi a jugé à propos que je
prisse le titre de Dauphin [2], ce qui me remet à tous
moments devant les yeux la perte que j'ai faite. Je
sais, mon très cher frère, que vous aviez beaucoup
de confiance en l'amitié de Monseigneur ; il ne tiendra pas à moi que je ne la mérite aussi, et je ne saurois assez vous marquer combien j'ai de joie de voir
nos intérêts se réunir de plus en plus. Aimez-moi
donc toujours, mon très cher frère, et soyez persua-

1. Dangeau annonce aussi ces mouvements, mais plus briè-
vement (*Journal*, tome XIII, p. 394 et 399).

2. Le marquis de Torcy dans son *Journal* (p. 424) a raconté
la scène dans laquelle le Roi décida que le nom et le titre de
Dauphin passeraient au duc de Bourgogne.

dé que ma tendresse pour vous sera toujours telle qu'elle doit être ; que vos intérêts iront chez moi immédiatement après ceux de la France et que j'espère qu'ils ne se sépareront jamais.

Je vous embrasse de tout mon cœur et vous prie de bien faire mes compliments à la reine, à qui j'écris aussi aujourd'hui.

Louis.

CXCIV.

A LA REINE D'ESPAGNE.

A Marly, le 26 avril 1711.

J'étois encore si abattu et si touché de la perte que j'avois faite, Madame, lorsque j'écrivis un mot au roi mon frère, que je n'eus pas la force de m'acquitter du même devoir à votre égard. Je me flatte que vous me faites la justice de croire qu'au milieu de ma douleur j'ai ressenti vivement celle que vous causeroit un si fâcheux accident et que vous auriez réciproquement pris part à la mienne.

Vous verrez, par la lettre que j'écris au roi mon frère aujourd'hui, que la mort inopinée de l'Empereur, dont on sut hier la nouvelle, va donner sans doute une nouvelle face aux affaires de l'Europe.

J'appris hier aussi, Madame, que Dieu merci ! votre santé, qui m'avoit inquiété extrèmement se rétablissoit, et que l'on espéroit que dans peu elle seroit parfaite. Je le désire plus que personne par la tendre amitié que j'ai pour Votre Majesté, et j'ose

lui demander toujours pour moi la continuation de
la sienne, qui m'est très précieuse.

Louis.

CXCV.

AU ROI PHILIPPE V.

A Marly, le 11 mai 1711.

Je vous assure, mon très cher frère, que j'ai reçu
avec bien du plaisir la lettre que vous m'écrivîtes le
28 du mois dernier. J'ai été édifié de votre soumission à la volonté de Dieu et des sentiments pleins
de piété dont elle est remplie, mais en même temps
j'ai été charmé de toute la tendresse que vous m'y
témoignez. Oui, mon très cher frère, vous pouvez
compter sur mon bon cœur ; il l'a toujours été ;
les temps sont passés où il a agi contre ses sentiments
naturels, et ils ne reviendront jamais, s'il plaît à
Dieu. Ce sera toujours une grande joie pour moi de
pouvoir contribuer à votre consolation et à votre
satisfaction, et j'en ressens infiniment de vous trouver dans des sentiments dignes de vous sur tous
vos devoirs.

La maladie de la reine m'a causé une extrême inquiétude, et j'avoue qu'elle n'est pas encore entièrement finie. Je crains que la nouvelle de la perte que
nous avons faite n'altère encore sa santé, et je ne serai point rassuré que je ne la sache dans un état de
convalescence un peu suivi. J'espère de la bonté de
Dieu qu'après nous avoir fait éprouver pendant long-

temps les effets de sa justice, il nous fera aussi res-
sentir ceux de sa miséricorde.

Les Alliés, depuis la mort de l'Empereur, et surtout les Hollandois, se donnent beaucoup de mouvement pour entretenir la bonne intelligence entre
tous les princes et faire élire l'Archiduc à l'Empire.
L'Impératrice douairière a pris en son nom le gou-
vernement de tous les États héréditaires [1] jusqu'à son
arrivée. Je ne sais si son départ ne fera point quelque
effet sur l'esprit des Catalans; il est vrai que les troupes
qu'il laissera à Barcelone et à Tarragone et les nouveaux secours qui doivent y arriver seront assez puis-
sants pour contenir les peuples, quelque intention
qu'ils pussent avoir ; quoi qu'il en soit, je voudrois
l'en voir déjà parti.

Il y a ici des gens qui prétendent que les Alliés,
ayant prévu le cas de la mort de l'Empereur, sont
convenus de faire élire l'Archiduc pour lui succéder
et de substituer le duc de Savoie en la place de
celui-ci pour l'Espagne; mais, outre qu'ils ne peuvent
exécuter ce projet sans faire un tort manifeste aux
filles du défunt Empereur, je doute que M. de Savoie
voulût se charger d'une telle prétention, dont il
connoît la réussite si douteuse ou plutôt si impossible. J'ai bien de l'impatience de savoir si tout ceci
ne lui donnera point lieu de penser à choses nouvelles et à se détacher des Alliés, ce qui seroit un
grand point ; car je crois que, si quelqu'un com-

1. C'est-à-dire l'archiduché d'Autriche et les provinces en
dépendant, qui étaient l'apanage propre de la maison d'Autriche.

mence, tout le grand édifice de la ligue tombera bientôt.

Les armées sont bien près l'une de l'autre en Flandres, mais séparées par des ruisseaux inondés. On a battu un convoi de fourrages et d'avoines qui venoit de Tournay à Douay, et, de quarante bateaux, il y en a eu vingt-deux de coulés à fond ; cette expédition a été faite par huit cents hommes de la garnison de Condé [1].

Adieu, mon très cher frère, encore une fois soyez persuadé que l'on ne peut vous aimer plus tendrement que je le fais ; aimez-moi toujours de même et faites bien mes compliments à la reine.

Louis.

CXCVI.

AU ROI PHILIPPE V.

A Marly, le 31 mai 1711.

Je ne veux pas manquer l'occasion du courrier qui va partir, mon très cher frère, et qui me donne celle de vous renouveler les assurances de mon amitié et de ma tendresse. Je ne vous parle point de ce qu'il vous porte, les lettres étant en chiffres, et par conséquent ne devant pas le mettre ici en clair. Je puis vous assurer seulement que je prends autant de part à vos intérêts que vous-même et que je verrai

---

1. Ce convoi fut attaqué le 9 mai sur l'Escaut, presque au confluent de la Scarpe, par M. de Permangle, qui commandait dans la place de Condé-sur-Escaut.

toujours avec un extrême plaisir tout ce qui y pourra être favorable.

L'électeur de Bavière est venu ici deux fois et a été à la chasse une des deux [1] ; c'est le meilleur homme du monde, le plus aisé à vivre, attaché au Roi plus que l'on ne le peut dire et qui mérite par toutes sortes d'endroits d'être aimé et considéré.

Je suis ravi d'apprendre que la santé de la reine aille de mieux en mieux. J'espère qu'elle se rétablira bientôt parfaitement.

Vous avez perdu un bon serviteur en la personne du duc d'Albe [2] ; c'étoit un homme d'honneur et d'esprit, sans en avoir l'extérieur. Je suis persuadé que nos malheurs ont accourci sa vie ; il est mort avec les sentiments de religion et d'attachement au Roi et à vous les plus touchants ; je ne doute pas que vous n'ayez soin de la duchesse sa veuve qui demeure dans un terrible état [3]. Le départ du courrier qui presse m'empêche de vous en dire davantage.

Adieu, mon très cher frère, faites bien mes compliments à la reine et conservez-moi toujours votre amitié ; je vous embrasse de tout mon cœur.

Louis.

1. C'est le 26 et le 28 mai que l'électeur de Bavière vint à Marly, où la cour était (*Dangeau*, tome XIII, p. 412 et 414).

2. Antoine-Martin de Tolède, duc d'Albe, ambassadeur en France depuis novembre 1703, mourut dans la nuit du 27 au 28 mai, n'ayant que trente-neuf ans. Tous les contemporains s'accordent pour faire son éloge (*Mémoires de Saint-Simon*, tome XXI, p. 329, note 1).

3. Philippe V fit payer toutes les dettes du défunt et continua à sa veuve les appointements pendant quatre mois.

CXCVII.

AU ROI PHILIPPE V.

A Marly, le 22 juin 1711.

J'ai reçu il y a trois jours votre lettre du 10 de ce mois, mon très cher frère, et j'ai été ravi de trouver en cette assurance d'une amitié dont je ne doute point des marques de la bonne santé de la reine. Je comprends aisément les inquiétudes que sa maladie vous a causées : nous les avons partagées ici, et nous partageons aussi Dieu merci ! la joie de sa convalescence. Le Roi n'attendoit que votre réponse pour satisfaire l'électeur de Bavière en accomplissant le traité dont il étoit garant [1]. Nous reverrons incessamment ici cet électeur avant qu'il parte pour Namur et de là pour Luxembourg ; je crois qu'il ira ensuite sur le Rhin. Il marche déjà des troupes des deux armées de Flandre pour s'y rendre, et, s'il y en marche encore, comme je n'en doute nullement, l'électeur de Bavière voudra commander notre armée sur le Rhin, ce que je crois que le Roi ne lui peut refuser.

Je suis ravi, mon très cher frère, que vos sentiments pour moi soient tels qu'ils doivent être et que

---

1. Pour le dédommager de la perte de ses États, le roi d'Espagne donnait à l'Électeur en toute souveraineté tout ce qui lui restait aux Pays-Bas ; l'acte officiel est daté du 2 janvier 1712 et a été inséré dans le *Corps diplomatique* de Du Mont, tome VIII, 1ʳᵉ partie, p. 288 ; voyez ci-dessus, p. 81.

je puis les désirer ; il ne tiendra pas à moi que l'union
qui a été entre nous dès notre enfance, quand nous
vivions ensemble, ne continue, quoique nous soyons
si séparés par la distance des lieux que nous habi-
tons. Dieu merci ! nous ne le sommes point d'intérêt, et, si l'on a pu le penser, il n'y a plus lieu de
l'imaginer du tout, et cela ne reviendra jamais à ce
que j'espère. Soyons-le donc toujours de cœur, c'est
ce que je souhaite plus que je ne puis l'exprimer.

Sur la réponse que vous avez faite au Roi en vous
remettant à lui de tout ce qui regardoit la succession
de feu Monseigneur, il a pris le parti de vous donner la part qui vous appartient par les lois, et je puis
dire que l'on n'en pouvoit prendre d'autre[1] ; car
l'on doit toujours aller au plus avantageux pour ceux
qui se remettent entièrement entre les mains des
autres. C'est M. le Chancelier qui est chargé de
toute l'affaire ; elle ne pouvoit être mieux qu'entre
ses mains. Il y a cependant des effets dont j'ai déjà
disposé, tels que du tabac et des vins de liqueur, ce
qui m'a paru ne devoir point entrer dans un
inventaire, et je serois même fort aise de ne vous
pas parler de ces bagatelles si je ne croyois pas
que vous devez être informé de tout pour faire les
choses dans la dernière exactitude ; car, encore un
coup, mon très cher frère, soyez très persuadé que
vos intérêts me sont aussi chers que les miens

1. Voyez sur le partage de cette succession les *Mémoires de
Saint-Simon*, tome XXII, p. 32-33 ; le roi d'Espagne eut pour
sa part des meubles, des bijoux et des cristaux. On vendit aux
enchères publiques tout ce dont les princes ne voulurent pas,
et ce fut pour la cour une sorte de divertissement.

propres et que je déciderois sans hésiter pour vous
contre moi en toutes choses, si j'y trouvois un petit
doute.

Je ne vous parlerai point aujourd'hui des nouvelles
que vous saurez de reste apparemment. Vous aurez
sans doute appris aussi que le Roi me parle d'affaires
et m'en charge même des plus importantes, je veux
dire de choses qui regardent le bien de l'Église [1].
Demandez donc bien à Dieu pour moi, je vous conjure, qu'il me donne toutes les lumières et la force
qui m'est nécessaire pour m'acquitter des obligations où mon état m'appelle et que je dois remplir
sans présumer de moi, mais aussi sans reculer ni
éviter, quand elles sont dans l'ordre de Dieu.

Avant que de finir, il faut vous remercier de ce
que vous faites pour la duchesse d'Albe [2] ; elle le mérite par elle-même et par la considération de feu son
mari, qui vous a toujours été bien attaché.

Adieu, mon très cher frère ; il est bien tard, mi-
nuit étant sonné, et je me suis interrompu déjà plus
de quatre fois pour m'aller promener avant de me
coucher ; car il fait fort beau cette nuit. Je vous
embrasse de tout mon cœur et vous prie de faire bien
mes compliments à la reine ; je lui en ferai incessamment moi-même sur sa convalescence.

LOUIS.

---

1. Le Roi, en effet, avait appelé au conseil d'État le jeune
duc de Bourgogne, avait ordonné aux ministres de le tenir au
courant des affaires, et lui avait renvoyé la décision de la con-
testation entre le cardinal de Noailles, archevêque de Paris, et
les évêques de Luçon et de la Rochelle.

2. Voyez ci-dessus, p. 94, note 3.

CXCVIII.

AU ROI PHILIPPE V.

A Marly, le 13 juillet 1711.

Le Roi a reçu aujourd'hui nouvelle du maréchal de Villars, mon très cher frère, qu'hier matin le comte de Gassion [1], qui commande la droite de l'armée, et le comte de Coigny [2], colonel général des dragons et des hussards, ont surpris hier matin à la pointe du jour un camp de douze bataillons et dix escadrons qui étoit sous Douay. Les ennemis ont été attaqués dans leurs tentes ; on les a culbutés dans la palissade ; l'on en a tué et pris beaucoup, aussi bien que des chevaux, et l'on s'est retiré après avoir été une heure dans leur camp malgré le feu que faisoit l'infanterie, dont une partie s'étoit jetée dans les chemins couverts de la place [3].

Cette action ne nous a coûté qu'un colonel de dragons nommé Coëtmen [4] et très peu de monde ; j'es-

---

1. Jean, chevalier puis comte de Gassion, petit-neveu du maréchal de ce nom, avait servi dans les gardes du corps jusqu'en 1705, et avait eu en 1696 le grade de lieutenant général ; il mourut en 1713.

2. François de Franquetot, marquis de Coigny, était maréchal de camp et colonel général des dragons depuis 1704 ; il devint maréchal de France en 1734 et mourut en 1759.

3. Les *Mémoires de Sourches*, tome XIII, p. 152-154, donnent un récit détaillé de cette action du 11 juillet.

4. Ce marquis de Coëtmen, d'une bonne famille de Bretagne, avait ce régiment depuis 1708.

père qu'elle fera sentir aux ennemis que nous avons encore du sang au bout des ongles et qu'ils ne sont pas où ils croyoient être l'année dernière, et je crois qu'il y a déjà du temps qu'ils le pensent.

M. de Savoie s'est mis cette année à la tête de son armée et a passé le Mont-Cenis le 5 de ce mois[1]. Je ne sais s'il ne voudroit point agir effectivement pour avoir une réponse favorable à la demande qu'il a faite de la fille aînée du défunt Empereur pour le prince de Piémont[2].

J'ai bien de l'impatience que votre armée soit en état d'entrer en campagne et d'apprendre qu'elle resserre Stahrenberg du côté de la mer. Si vos préparatifs l'avoient pu permettre, je ne doute pas que le duc de Vendôme ne l'eût fait il y a déjà longtemps, et il y auroit eu plus de facilité avant l'arrivée des secours, et il est bien fâcheux que sa bonne volonté ait été si fort retardée par la difficulté des arrangements des vivres et des armes.

Nous voici enfin sur le point de quitter Marly après un séjour de trois mois[3] ; le Roi part après-demain pour aller à Petit-Bourg, maison de M. d'Antin, et se rendre le lendemain à Fontainebleau. J'avoue, mon très cher frère, que j'en sens presque autant de joie que dans mon enfance. Il y a quatre ans

---

1. *Dangeau*, tome XIII, p. 440.

2. Victor-Amédée-Philippe-Joseph, né en 1699, avait à peine douze ans ; le projet de mariage avec Marie-Josèphe d'Autriche, fille aînée du défunt empereur Joseph, ne fut pas poursuivi, et le jeune prince mourut en 1715.

3. La longueur de ce séjour avait été déterminée par la mort du Dauphin.

entiers que je n'y ai été, et j'espère y faire plus d'exercice que je ne fais depuis du temps, ce qui sera bon
pour ma santé.

Adieu, mon très cher frère ; j'oubliois de vous
dire que je travaille au payement des dettes de feu
Monseigneur, qui iront à cent mille écus ou environ [1]
avant que de faire le partage de la succession ; il y
a encore beaucoup de bagatelles que l'on n'a pas fait
entrer dans l'inventaire, et je crois que vous ne le
trouverez pas mauvais. Je vous dis ceci, afin que
vous soyez instruit de tout, et je regarderai votre
silence comme une approbation, si vous ne m'en
dites rien de particulier. Quant au partage, le Roi
a jugé que la renonciation de mon frère de Berry à
la succession de feu Monseigneur étoit valable parce
que, le domaine de la couronne étant substitué,
Monseigneur avoit donné l'apanage aussi bien que
lui ; il lui a donc donné en augmentation d'apanage
la portion qui revenoit à la couronne qui consiste
environ en quatre cent mille livres de meubles, pierreries, etc., et en deux cent mille livres sur Meudon,
dont je lui ferai la rente au denier vingt, en retirant
la terre, et, pour votre part, elle sera entièrement en
meubles, pierreries, etc., ce qui montera aux environs de six cent mille livres, et, pour la mienne,
ayant Meudon et la moitié de la terre et retirant le
reste, il me restera encore environ deux cent mille

1. C'était le chancelier de Pontchartrain qui était chargé du
règlement des dettes du Dauphin et du partage de la succession
entre les trois fils. Le présent passage a été cité par M. le comte
d'Haussonville dans *la Duchesse de Bourgogne*, tome IV, p. 117-
118.

livres de meubles, les deux cent mille autres étant employées à votre remplacement du quart de la terre de Meudon, Chaville, etc. Le tout sera les dettes non comprises, qui étant acquittées d'avance, il restera encore douze cent mille livres pour le moins d'effets mobiliers [1].

Adieu, mon très cher frère, je vous embrasse de tout mon cœur et vous prie de m'aimer toujours autant que je vous aime.

Louis.

CXCIX.

A LA REINE D'ESPAGNE.

A Marly, le 13 juillet 1711.

J'ai reçu avec un extrême plaisir, Madame, la lettre que vous me fîtes l'honneur de m'écrire le 24 du mois dernier. Les marques, que vous m'y donnez toujours d'une amitié qui m'est si précieuse, jointes à la part que vous avez prise à notre commune douleur, ont été pour moi bien sensibles. Mais je ne l'ai pas été moins de voir une assurance certaine du rétablissement de la santé de Votre Majesté, qui m'a donné de si justes inquiétudes et dont j'apprends l'affermissement de jour en jour.

Vous verrez, Madame, dans la lettre que j'écris au roi une action heureuse qui s'est passé hier en

---

1. Voyez, sur le règlement définitif de cette succession, les *Mémoires de Saint-Simon*, édition Boislisle, tome XXII, p. 32-36.

Flandres et qui, quoique médiocre, doit néanmoins rabattre un peu l'orgueil de nos ennemis. J'espère que Dieu achèvera de rétablir nos affaires et qu'il nous conduira à une bonne et solide paix.

Conservez-moi toujours votre amitié, Madame, je vous en conjure, et faites-moi la justice de croire que rien n'égale la tendresse et la sincérité de celle que j'ai pour Votre Majesté.

Louis.

CC.

AU ROI PHILIPPE V.

A Fontainebleau, le 5 août 1711.

Je commencerai cette lettre, mon très cher frère, par vous accuser la réception de la vôtre du 22 du mois passé, qui m'a fait beaucoup de plaisir, en ayant toujours lorsque j'ai quelque marque de votre amitié. Beaucoup d'affaires qui m'ont occupé les dernières semaines m'ont empêché de vous écrire, et j'ai pris enfin l'occasion du départ du marquis de Bonnac [1] pour vous envoyer celle-ci. Je le charge de vous témoigner toute ma tendresse et lui ai dit qu'il n'en pouvoit trop dire, étant telle qu'elle doit et qu'elle a toujours dû être.

Je ne vous parlerai point des choses dont il doit vous instruire et des ordres qu'il porte en Espagne;

---

1. Jean-Louis d'Usson, marquis de Bonnac, après avoir été envoyé du Roi à Cologne, à Wolfenbüttel et en Pologne, venait d'être désigné comme ambassadeur en Espagne.

je ne doute pas qu'il ne s'acquitte bien de sa première commission et que vous n'entriez vous-même dans tout ce qui vous sera justement demandé. Je ne doute pas aussi que cela ne paroisse d'abord aller bien loin ; mais vous devez considérer de quel état nous sommes sortis et quelle différence il y a des choses présentes aux choses passées. Vous n'oublierez pas non plus tout ce que nous avons souffert pour vous et que, nos intérêts étant devenus inséparables, chacun doit contribuer au grand ouvrage dont il s'agit ; mais il est juste que vous y contribuiez davantage, étant la cause de tout et y ayant un intérêt essentiel [1].

J'avois été inquiet de la rechute de la reine, et j'ai appris avec plaisir qu'elle n'a point eu de suite. Vous saurez sans doute assez les nouvelles courantes sans que je vous en entretienne ici.

Je ne me suis pas trompé lorsque je vous ai dit que je me porterois mieux ici qu'à Marly. L'exercice me fait des merveilles et me rendra, à ce que j'espère, plus propre à entrer dans les matières sur lesquelles il faudra que je travaille. Je souhaite que votre armée puisse entrer bientôt en campagne et avec des succès heureux et que tout finisse enfin d'une manière avantageuse. Voilà, mon très cher frère, tout ce que vous aurez de moi pour ce soir ; après quoi je vous embrasserai tendrement vous

---

1. Les points sur lesquels M. de Bonnac devait s'efforcer d'obtenir l'adhésion de Philippe V ont été exposés dans *Philippe V et la cour de France*, tome I, p. 445 et suivantes, et dans le *Recueil des instructions aux ambassadeurs en Espagne*, par Morel-Fatio, tome II, p. 188 et suivantes.

demandant de m'aimer toujours comme je le mérite
par ma tendre amitié pour vous.

Louis.

CCI.

A LA REINE D'ESPAGNE.

A Fontainebleau, le 5 août 1711.

Le départ du marquis de Bonnac, qui va résider
auprès du roi mon frère, me fournit, Madame, une
heureuse occasion de vous renouveler moi-même les
témoignages de la plus sincère amitié. Je l'ai chargé
de vous en assurer sans crainte d'en trop dire ; trop
de raisons m'y engagent pour qu'elle ne soit pas
telle qu'elle le doit ; mais une des principales est de
me flatter d'avoir part dans la vôtre ; c'est de quoi
je vous prie d'être persuadée, Madame, et que je
regarderai toujours l'honneur de votre amitié comme
une des choses du monde qui m'est la plus chère et
dont je vous demande plus instamment la continuation.

Louis.

CCII.

AU ROI PHILIPPE V.

A Fontainebleau, le 31 août 1711.

Je trouve aujourd'hui, mon très cher frère, que
j'ai à répondre à deux de vos lettres, et suis ravi de

pouvoir, en le faisant, vous renouveler les témoignages de ma tendre amitié.

Il me paroît que la campagne se recule bien en Catalogne. Il auroit été fort à souhaiter que l'on eût pu agir plus tôt; mais je sais les impossibilités qui s'y sont trouvées, et il n'y a qu'à souhaiter que tout aille ainsi qu'il le faut et comme vous le désirez, quand on sera en état d'agir. Il est bon cependant de s'emparer des châteaux qui servent de retraite aux miquelets, et de réparer par là autant qu'il est possible une inaction forcée.

Vous aurez su que nous avons encore le désavantage en Flandres et que les ennemis, après les mouvements les plus hardis, ont trouvé moyen non seulement de placer un quartier entre Bouchain [1] et le camp retranché que nous avons à Marquette de l'autre côté du Sanset, mais même d'ôter la communication qui restoit de l'armée avec cette place et de l'investir entièrement [2]. Ils ont ouvert la tranchée le 22 au soir, et, quoique la place soit aussi bien munie qu'on le peut désirer, il est à craindre qu'elle ne puisse faire une longue résistance, étant très petite et la basse ville très médiocrement fortifiée. Il

1. Cette place, située sur une hautenr, à la gauche de l'Escaut, commandait le cours de la rivière et interceptait le passage entre Cambray et Valenciennes, et Marlborough était venu l'assiéger au commencement d'août.

2. Villars, campé à Marquette, avait conservé avec Bouchain une communication consistant en un chemin de fascines à travers les marais ; elle était gardée par deux mille hommes aux ordres d'Albergotti. Le 19 août, dans la nuit, Marlborough parvint à refouler ces troupes et à investir complètement la place.

est vrai que la véritable place tiendra indépendamment de la basse ville ; mais ce ne pourra être longtemps. Je n'entre point ici dans ce que l'on auroit pu faire de mieux pour la paix, étant impossible de juger d'ici de pareilles choses. Pour l'avenir, la prise de Bouchain donnera aux ennemis l'avantage de nous prévenir du côté de la Sambre et de Valenciennes, ou de celui d'Arras, sans que l'on puisse les garder en même temps, et leur donner ainsi lieu de faire de nouvelles entreprises, ce qui est toujours fort désagréable.

Nous n'avons point encore de nouvelles des choses dont M. de Bonnac vous aura instruit, et je les attends avec une extrême impatience. Celles d'Allemagne et de Pologne parlent toutes d'un grand combat entre les Turcs et les Moscovites, et l'on attribue la victoire aux uns et aux autres, selon qu'il convient à ceux qui donnent ces nouvelles, sans que l'on puisse en savoir la vérité.

On dit que l'élection de l'Empereur se retarde et que le roi Auguste et l'électeur de Brandebourg veulent auparavant faire rétablir les électeurs de Cologne et de Bavière [1]. Il seroit bien heureux que leur intérêt propre les portât à contribuer à une chose qui nous seroit aussi avantageuse et avanceroit la paix d'un article difficile à traiter.

Je crois la guerre finie du côté du Dauphiné depuis la retraite de M. le duc de Savoie pour aller aux eaux [2], ainsi que vous le saurez déjà, et le maréchal

---

1. Cette nouvelle était fausse ; les électeurs de Bavière et de Cologne, mis au ban de l'Empire, furent exclus de l'élection.

2. Victor-Amédée, mécontent de l'Empereur et voulant s'as-

de Berwick a été joint par les troupes qui venoient d'Allemagne, ce qui me fait penser que l'on peut être tranquille sur ce côté.

Le Roi ne s'est point encore expliqué sur le temps qu'il partira d'ici; tout le monde en fait des conjectures; mais, dans le fond, personne n'en sait rien, et moi tout le premier. Comme je m'y trouve à merveilles, j'attends sans impatience que le Roi décide sur son départ, et j'avoue que j'en serai fâché, ayant été ravi de m'y revoir au bout de quatre ans d'interruption. Je me souviens toujours que c'est proprement ici que nous avons passé les derniers temps que nous avons été ensemble, et ce souvenir m'est en même temps agréable et douloureux.

Voilà bien des matières diverses, mon très cher frère, sur quoi j'aurois pu m'étendre encore davantage; mais je crois que cela suffit pour aujourd'hui, que j'ai déjà travaillé, et ce que j'ai à faire n'est pas encore fini; il est vrai que cela a été coupé par la chasse d'un gros cerf qui n'a pas duré trois quarts d'heure et qui a été chassé en perfection. L'on a besoin de ces sortes de délassements quand on veut s'appliquer tout de bon comme on doit aux choses que l'on a à faire.

Adieu, mon très cher frère, je vous embrasse bien tendrement; faites bien mes compliments à la reine, et soyez persuadé que je vous aime autant que je le dois; c'est tout dire.

LOUIS.

surer des conditions plus avantageuses de la part de la France et de l'Espagne, s'était contenté de paraître sur la frontière du Dauphiné et était rentré peu après dans ses États.

CCIII.

AU ROI PHILIPPE V.

A Fontainebleau, le 7 septembre 1711.

Je suis ravi, mon très cher frère, que vous souhaitiez que notre commerce de lettres devienne plus régulier présentement qu'il n'a été dans les derniers temps ; je vous assure que je m'en acquitterai avec bien du plaisir, et je ne doute pas que vous ne le fassiez de votre côté comme vous m'en assurez.

L'on renvoie aujourd'hui un courrier que l'on a gardé quelques jours pour vous donner des nouvelles plus fraîches de l'affaire en question. Vous verrez que le commencement va bien, que notre envoyé a été reçu à merveilles, qu'il trouve moins de difficultés que l'on auroit lieu d'en craindre, et j'espère que Dieu conduira tout ceci à une bonne fin [1].

Les ennemis poussent vivement les attaques de Bouchain, et il est à craindre que la place n'aille pas loin ; on leur a cependant battu trois bataillons et un fourrage, et l'on a pris quelques-uns de leurs généraux, ce qui servira à en échanger des nôtres [2].

Le prince Eugène a passé le Rhin à Philipsbourg

---

1. C'est une allusion aux négociations secrètes engagées en Angleterre par Mesnager et l'abbé Gaultier.

2. Les *Mémoires de Sourches* (tome XIII, p. 184) racontent ces petits combats.

le 1er de ce mois[1] ; ce mouvement ne donne nulle inquiétude au maréchal d'Harcourt, qui croit que les ennemis n'ont d'autres vues que de trouver à subsister aisément le reste de la campagne. Je ne sais rien du Dauphiné et vois, par les nouvelles d'Hollande que l'on reçoit dans ce moment, la confirmation de la bataille entre les Turcs et les Moscovites, qui a duré trois jours. Il paroît qu'elle n'a point été décisive, que les Turcs ont le plus perdu et que la paix a été conclue, aux conditions que les Moscovites rendront aux Turcs tout ce qu'ils ont pris sur eux depuis cette guerre ; que le roi de Suède sera reconduit dans ses États avec deux mille chevaux et que le Czar a envoyé son chancelier à Constantinople pour faire ratifier ce traité[2].

Voilà tout ce que je sais à vous mander pour aujourd'hui, mon très cher frère ; car on ne sait point encore quand on partira d'ici, le Roi ne s'en étant point expliqué. L'on soupçonne fort cependant que ce sera lundi prochain, 14 de ce mois, et je le crois assez, non sans regret, me plaisant fort ici. Aimez-moi toujours, mon très cher frère, autant que je le mérite par la tendre amitié que j'ai pour vous.

LOUIS.

1. Il alla camper au Spirebach, dans les environs de Spire (*Dangeau*, tome XIII, p. 472).

2. La bataille avait été livrée le 19 juillet et avait été désastreuse pour l'armée de Pierre le Grand, qui fut trop heureux de sauver sa personne et le reste de ses troupes en corrompant le grand vizir pour obtenir une paix en réalité très désavantageuse pour la Russie.

CCIV.

AU ROI PHILIPPE V.

A Versailles, le 20 septembre 1711.

Le courrier que vous dépêchâtes ici, mon très cher frère, étant arrivé à Fontainebleau il y a huit jours, la veille que le Roi en devoit repartir, j'ai attendu qu'on le renvoyât pour faire réponse à la lettre qu'il m'apporta, et j'en ai reçu encore une hier en sorte que je joindrai la seconde réponse à la première. Je ne peux qu'être ravi des sentiments de tendresse dont elles sont remplies ; celle que j'ai pour vous n'est pas moindre, et j'espère que, tant que nous vivrons, nous persisterons dans les mêmes sentiments. La manière dont vous avez répondu à la commission dont le marquis de Bonnac étoit chargé ne pouvoit nous être plus agréable ; vous avez fait des choses pour le bien de la paix que l'on devoit attendre de votre générosité, et vous n'avez pas moins agi en petit-fils pour les intérêts d'un grand-père qui vous aime certainement comme vous pouvez le désirer [1]. Ce courrier vous apprendra que votre réponse ne pouvoit arriver plus à propos, puisqu'il falloit parler ; mais j'ai eu la joie de voir que notre fermeté a sauvé déjà le plus important. Je ne me puis expliquer clairement dans une lettre qui, n'é-tant point chiffrée, pourroit être interceptée et tom-

1. Voir *Philippe V et la cour de France*, tome I, p. 453.

ber entre les mains des ennemis, s'il arrivoit quelque
accident au courrier. On peut dire aussi qu'après
Dieu c'est à votre fermeté et à votre constance que
vous devez votre couronne ; il est vrai qu'il vous en
coûtera, et j'entre dans la peine que cela doit vous
faire ; mais plus le sacrifice que vous faites pour les
intérêts de la France est grand, plus dois-je vous en
témoigner ma reconnoissance et le faire aussi au
nom de tous les François. Pour ce qui regarde le
ménagement de vos intérêts, il ne peut être en de
meilleures mains qu'entre celles du Roi. Vous le verrez bien par ce qu'il a déjà fait et gagné ; il continuera de même, et pour moi vous pouvez être persuadé que je ne m'y oublierai pas ; car, outre que je
travaille en cela pour la justice, je considère que
c'est en faveur d'un frère que j'aime tendrement et
que j'ai tant de raisons d'aimer. J'espère que tout
ceci aura une heureuse fin et que Dieu, qui conduit
visiblement tous les événements de cette guerre, la
fera enfin terminer par une paix moins désagréable
que celle dont il a été question par le passé et qu'il
est à désirer d'oublier à jamais.

Bouchain est rendu du 12[1], et la garnison, prisonnière de guerre, sera échangée homme par
homme. Je ne sais si Ravignan, qui commandoit,
y sera compris, parce que les ennemis prétendent
qu'il n'étoit pas libre, ayant était fait prisonnier à
Tournay et point échangé[2]. Il a cependant servi ces

---

1. C'est le 13 septembre seulement que Bouchain battit la
chamade ; le texte de la capitulation fut inséré presque aussitôt dans la *Gazette d'Amsterdam*, n° LXXV.

2. Saint-Simon a exposé dans ses *Mémoires* (tome XXII,

deux campagnes dernières, sur un billet du prince Eugène qui le déclaroit libre. On dit que les ennemis ne feront plus rien de ce côté-là du reste de la campagne, leur armée étant trop fatiguée et en trop mauvais état.

La paix des Turcs et des Moscovites est véritable, au grand désavantage de ceux-ci, comme vous le verrez dans les gazettes. Le Czar, étant près de périr par la faim et par la guerre avec toute son armée, a été obligé de recevoir la loi.

Je ne doute pas que l'embarquement de l'Archiduc ne fasse en Catalogne un mouvement avantageux pour nous[1]; il est heureux que votre armée se trouve en état d'agir en même temps.

Madame la Dauphine est fort sensible à votre souvenir; son incommodité n'a, Dieu merci! pas été longue, et elle a été à la chasse plusieurs fois depuis, avant le départ de Fontainebleau, que nous avons quitté le 14 avec beaucoup de regret.

Voilà, mon très cher frère, bien des matières en peu de discours; mais le temps me presse un peu ce soir, ayant eu assez d'affaires toute la journée.

J'oubliois de vous dire que le duc de Noailles arriva hier au soir; j'ai eu aujourd'hui avec lui une première conversation, et l'on ne peut être plus content que je l'ai été de la manière dont il m'a dit que

p. 128-132 et 132) le cas de M. de Ravignan. Joseph de Mesmes, marquis de Ravignan, avait le grade de lieutenant général.

1. L'Archiduc, appelé en Allemagne pour recevoir la couronne impériale, eut beaucoup de peine à se tirer des mains des Catalans, qui ne vouloient pas le laisser partir. Il dut laisser l'Archiduchesse à Barcelone.

vous pensez pour moi et que vous aviez toujours pensé[1]. Je suis fort sensible aussi aux sentiments de la reine et vous prie de l'en bien remercier de ma part. Conservez-moi toujours votre amitié, mon très cher frère ; je vous embrasse de tout mon cœur.

LOUIS.

CCV.

AU ROI PHILIPPE V.

A Versailles, le 5 octobre 1711.

Je reçus hier en même temps deux de vos lettres, mon très cher frère, du 23 et 24 du mois passé, et cette régularité m'a rendu bien honteux d'y avoir manqué la semaine dernière.

Nous n'avons point de nouvelles de la grande affaire depuis ce que je vous en ai écrit[2] ; elle commence à devenir publique en Angleterre et en Hollande, et les Alliés n'en paroissent pas peu inquiets ; car on ne sait que la chose en général sans savoir le secret des négociations, qui est de la dernière importance. Je ne saurois encore assez vous répéter combien j'ai été charmé de toutes les facilités que

1. En lisant ce que le prince dit du duc de Noailles, est-il possible de croire aux racontars de Saint-Simon (*Mémoires*, tome XXII, p. 183 et suivantes) sur les causes honteuses qui l'auraient presque fait chasser d'Espagne ? Cf. la discussion de cette question dans *Philippe V et la Cour de France*, t. I, p. 456, note 1.

2. La résolution prise par la reine Anne de faire la paix, même en dehors de ses alliés.

vous y avez apportées. Pourrois-je n'être pas sensible
à voir un frère que j'aime si rempli de générosité,
de reconnoissance et d'amour de la paix. Je crois
que, dans la situation des choses, il est très à propos
de ne rien hasarder où l'on puisse courir risque
d'un désavantage qui renverseroit peut-être nos
espérances, que je crois bien fondées.

Les affaires de Catalogne font présentement le
sujet de notre attention, et j'espère qu'elles tourneront comme l'on peut le souhaiter. J'ai vu aujour-
d'hui dans des nouvelles d'Allemagne que l'Archiduc
étoit arrivé à Gênes [1]; mais je ne sais si l'on peut
compter sûrement sur ces avis, n'ayant point encore
la certitude de son embarquement.

Il n'y a rien de nouveau sur toutes nos frontières,
et il est presque sûr qu'il ne s'y passera plus rien
de considérable du reste de la campagne. Vous saurez la vérité de ce qui s'est passé en Moldavie, et comment le Czar, prêt à périr de faim avec toute son
armée, environnée par celle des Turcs, a fait une paix
très désavantageuse. Cependant elle le paroît aussi
pour le roi de Suède, à qui l'on ne donne au plus
qu'une escorte de six mille Turcs pour le reconduire dans ses États.

Voilà, mon cher frère, ce que je sais de plus considérable pour le présent. Et, ayant passé deux
grandes heures et demie après dîner au conseil des
dépêches, permettez-moi de finir pour aujourd'hui

1. L'Archiduc débarqua le 12 octobre seulement à Saint-
Pierre d'Arena, près Gênes, étant parti de Barcelone le 27 septembre.

en vous embrassant tendrement, et vous demandant la continuation de votre amitié qui m'est si chère.

Louis.

Votre nourrice m'a prié de vous la recommander pour le payement de ses pensions ; je sais qu'elle en est dans le besoin, ne l'étant point non plus de ce côté-ci. Je le fais d'autant plus volontiers que je sais que cette demande ne vous sera point désagréable, le cas étant si privilégié. Je vous supplie aussi de bien faire mes compliments à la reine ; je suis ravi que sa santé soit aussi bonne que me l'ont assuré M. de Blécourt et le chevalier de Torcy[1], qui sont arrivés ici depuis peu.

CCVI.

AU ROI PHILIPPE V.

A Marly, le 12 octobre 1711.

C'est avec un extrême plaisir, mon très cher frère, que j'ai vu par votre lettre du dernier du mois passé que vous étiez satisfait de la manière dont l'on travaille pour vos intérêts. Vous pouvez vous en reposer entièrement sur le Roi, et, plus vous le faites, plus il est engagé à les ménager. Vous pouvez aussi être assuré que, de mon côté, je ne m'y oublierai pas en tout ce qui pourra dépendre de moi. On voit à n'en pouvoir douter que l'essentiel est inséparable

1. Antoine-Philibert de la Tour, chevalier puis marquis de Torcy, maréchal de camp depuis 1702, était en Espagne depuis 1703. Il n'avait aucune parenté avec les Colbert.

du bien de la France ; mais, quand il le seroit, il suffit qu'il n'y soit pas contraire pour que je m'y porte avec la plus grande attention et la meilleure volonté du monde. Les dernières nouvelles concernantes la grande affaire [1] sont bonnes ; on a approuvé ce qui a été proposé, et l'on n'a fait difficulté que sur quelques termes, en se contentant du fond.

Vous saurez sans doute le départ de l'Archiduc bien longtemps avant de recevoir cette lettre. Quoique l'on n'en ait point ici de nouvelles certaines, on ne doute nullement néanmoins qu'il se soit embarqué sur une flotte de vingt-cinq voiles environ qui a paru les premiers jours de ce mois aux côtes de Provence. On dit qu'il doit être élu empereur le 6 ou le 8 de ce mois [2], et que les Électeurs, après avoir longtemps discuté les articles de la capitulation qu'il doit jurer, ont passé légèrement sur les derniers pour procéder plus promptement à l'élection. Cette nouvelle dignité dont il va être revêtu peut lui faire quitter ses prétentions sur l'Espagne avec moins de peine. Cependant, quoiqu'il aille devenir l'empereur, il ne le sera dans toutes les formes qu'à la paix, puisque les électeurs de Cologne et de Bavière ne lui donneront leurs voix que dans ce temps et protesteront contre l'élection jusque-là, ainsi qu'ils ont déjà fait.

La campagne est sur le point de se terminer de

1. C'est une allusion aux négociations préliminaires de la paix, qui se traitaient à Gertruydenberg, ou plutôt à celles de Mesnager en Angleterre (voyez la lettre suivante).

2. L'élection eut lieu seulement le 12 octobre à Francfort (*Gazette*, p. 561), comme le prince va le dire dans la lettre suivante.

tous côtés sur nos frontières et, sans la perte de Bouchain, elle auroit été plutôt avantageuse qu'autrement, puisque les progrès des ennemis auroient été entièrement arrêtés. J'attends avec impatience des nouvelles de Catalogne, où j'espère que Dieu, bénissant la justice de votre cause, protégera vos armes et sera contraire à celles de nos ennemis. Pour le côté du Portugal, il ne me donne pas grande inquiétude, et je crois que la seconde campagne se passera en quelques courses avec quelques prises de bestiaux.

Il fait depuis plusieurs jours le plus beau temps du monde; ce qui fait grand plaisir, surtout ici où l'on ne peut faire un pas sans aller à l'air comme vous savez. Ce temps est excellent aussi pour les vendanges, qui ont été très abondantes dans les deux tiers de la France; il n'y a eu qu'en Guyenne où elles ont manqué; cela fait d'autant plus de plaisir que l'on n'avoit presque point eu de vin les deux dernières années et que depuis longtemps il n'étoit pas trop bon; mais on dit qu'il le sera celle-ci et que les droits d'aides fourniront des sommes considérables. Je crois que l'intérêt que vous prenez au bien de la France vous fera écouter ce détail avec plaisir. L'année auroit été complète si la moisson avoit répondu aux espérances du printemps; mais les pluies de l'été dans le temps de la récolte l'ont rendue médiocre.

En voilà assez, mon très cher frère; aimez-moi toujours autant que le mérite la tendresse que j'ai pour vous; donnez-m'en souvent des marques en continuant votre régularité, et soyez persuadé que l'amitié que j'ai pour vous m'en fera faire aussi une affaire principale. Faites bien mes compliments à la reine ; je vous embrasse de tout mon cœur.

LOUIS.

CCVII.

AU ROI PHILIPPE V.

A Versailles, le 20 octobre 1711.

Vous verrez, mon très cher frère, par les lettres que vous portera le courrier que l'on dépêche aujourd'hui, en quelle situation est la grande affaire et combien l'on en doit espérer une bonne issue. Il est public maintenant ici que les Anglois ont envoyé au Roi pendant qu'il étoit à Fontainebleau pour lui demander un plan de paix, que le Roi le leur a envoyé par le sieur Mesnager[1]. La reine[2] en a été contente ; elle a nommé trois ambassadeurs pour la traiter ; elle a envoyé par un d'eux proposer aux Hollandois quatre villes pour s'y assembler, en leur déclarant que, s'ils hésitoient, elle ouvriroit les conférences à Londres ou à Douvres. Tout le monde croit la paix déjà faite ; car vous savez qu'en France l'on va un peu vite. Il est cependant à souhaiter que

1. Nicolas Mesnager, gros commerçant de Rouen, était connu du Roi pour avoir été député au Conseil de commerce, et Torcy l'avait déjà employé à diverses négociations secrètes en Hollande et en Angleterre. Il fut un des trois plénipotentiaires français aux conférences d'Utrecht ; il mourut le 15 juin 1714.

2. La reine Anne d'Angleterre.

cette persuasion n'empêche point de remettre l'armée de Flandres en état de bien faire la campagne prochaine, s'il en est besoin, quoique cette persuasion ne soit pas trop mal fondée, à ce que vous jugerez aisément par ce que vous porte ce courrier.

C'est une chose bien heureuse, dans la situation présente des affaires, que votre courrier soit arrivé à propos pour empêcher le duc de Vendôme de rien entreprendre du côté de Catalogne qui puisse engager une action générale; car il me paroît qu'il n'est question que de temps encore et qu'il y a grand lieu d'espérer que la campagne prochaine ne recommencera point.

L'Archiduc a été élu empereur le 12 de ce mois, et cet établissement sera assez beau pour qu'il s'en contente, avec ce que l'on voudra y ajouter, sans prétendre rien davantage sur l'Espagne et le reste de votre monarchie. Je suis si plein de notre affaire que je ne puis cesser d'en parler; je voudrois que vous vissiez la joie où l'on est ici de savoir que votre maintien sur le trône d'Espagne est le fondement de la paix qui va se traiter; vous connoîtriez par là que les François ont vos intérêts bien à cœur, et il n'est pas possible que vous n'en fussiez bien content.

Je suis ravi que vous retourniez à Madrid; vos peuples, vous voyant dans votre capitale et apprenant les nouvelles d'aujourd'hui, ne douteront plus que vous ne soyez à eux pour toujours, et les nœuds de leur fidélité n'en seront que plus formés.

Vous me faites beaucoup de plaisir de songer à votre nourrice, ainsi que vous me le mandez; j'ai déjà présenté votre demande sur cet article en faisant parler pour elle à M. Desmaretz, et je lui en dirai un mot aujourd'hui moi-même[1].

J'en reviens encore à notre affaire, qui est un coup de la main de Dieu; c'est de quoi nous le devons bien remercier; il y a longtemps que je vous ai dit que, vous ayant placé sur votre trône, il vous y maintiendroit lui-même, et cela sera comme vous le voyez.

Adieu, mon très cher frère, je ne puis vous parler d'autre chose pour aujourd'hui; ma lettre exprime assez ma joie; pour ma tendresse pour vous, je n'ai point de termes assez forts pour vous la faire connoître; je suis très sensible aux marques du souvenir de la reine et vous embrasse de tout mon cœur.

Louis.

CCVIII.

A Marly, le 10 novembre 1711.

Depuis que je ne vous ai écrit, mon très cher frère, j'ai reçu plusieurs de vos lettres, et la régularité que vous avez gardée, même dans votre voyage, m'a rendu honteux d'y avoir manqué sans cause légitime.

Quoique l'on ne sache point encore la réponse

---

1. Cette femme, dont il a déjà été parlé plus haut, s'appelait Marie Demay, dame Roulier; Philippe V lui donna une petite pension.

que la princesse Anne[1] aura faite au sieur Buys[2],
que les Hollandois lui ont envoyé, il est presque sûr
qu'elle sera à notre satisfaction et que le retour de
Buys sera suivi de près de l'ouverture des conférences
pour la paix. Je crois que les Hollandois, du moins
ceux qui gouvernent, ne se trouveront pas peu attra-
pés; mais c'est leur faute, et il y a longtemps qu'il
n'auroit tenu qu'à eux de faire le personnage que
font aujourd'hui les Anglois. Les nouvelles sont du
reste assez stériles, la campagne étant finie par toutes
nos frontières, à la réserve de l'Alsace, où les ennemis n'ont point encore repassé le Rhin; mais on
dit que cela vient de ce que le prince Eugène, ayant
écrit à l'Archiduc pour séparer son armée et n'ayant
point encore eu de réponse, en attend une absolument avant que de faire cette démarche, piqué de
ce que l'on ne marque pas assez de considération
pour lui.

Je ne sais si la saison ne s'avance point trop, pour
continuer les projets que l'on peut avoir du côté de
la Catalogne et qu'il seroit cependant bon d'exécuter pour y pouvoir prendre des quartiers plus en
avant. La petite action qui s'y est passée quand on
a repris le convoi marque que vos troupes conservent
toujours la supériorité sur celles des ennemis, et
cela est fort bon. Je comprends que vous avez lieu

1. Il est curieux de voir que le duc de Bourgogne traite ici
seulement de princesse la reine Anne, quand il l'a appelée reine
dans la lettre précédente.
2. Guillaume Buys, conseiller pensionnaire de la ville d'Amsterdam, fut un des plénipotentiaires hollandais à Utrecht, et
vint après en France comme ambassadeur.

d'être content du marquis d'Arpajon[1] ; il s'est conduit avec activité et prudence dans les choses dont il a été chargé, et il me paroît que le Roi lui permettra d'accepter la grâce que vous voulez bien lui accorder[2], sans qu'il soit nécessaire de l'en presser. Pour le comte de Momac[3], pour qui vous demandez le régiment d'Anjou, quoique je ne le connoisse point, vous pouvez être persuadé que je tâcherai de le servir en ce qui me sera possible. Je ne doute pas qu'il n'ait ce régiment qui est à vous, ce qui est encore une raison particulière pour remplir cette place à votre gré.

Je suis ravi de vous savoir en chemin de Madrid, et le serai encore davantage lorsque vous y serez arrivé ; car assurément vos peuples méritent que vous leur marquiez de la reconnoissance de tout ce qu'ils ont fait pour vous.

Je ne sais si vous n'aurez point eu dans votre voyage autant de pluie que nous en avons ici depuis un mois ; si cela est, vous devez avoir trouvé de méchants chemins. Pour ceux de tous ces pays-ci, ils sont presque devenus impraticables partout où il n'y a point de pavé, et la rivière de Seine commence à déborder.

---

1. Louis, marquis d'Arpajon, nommé maréchal de camp en 1709, servait en Espagne depuis cette époque.

2. Philippe V demandait l'autorisation de lui donner le collier de la Toison d'or.

3. Ce personnage, dont le nom est sans doute estropié, n'a pu être identifié ; on ne le trouve point parmi les colonels des régiments d'Anjou-cavalerie ou d'Anjou-infanterie qui, d'ailleurs, n'étaient vacants ni l'un ni l'autre en 1711.

Adieu, mon très cher frère, en voilà assez pour ce soir ; aimez-moi toujours autant que le mérite la tendresse infinie que j'ai pour vous.

J'oubliois à propos de vous dire que je crois que vous aurez été bien aise d'apprendre que les Anglois n'ont pris qu'un rat [1] en Canada. Cela ne peut qu'augmenter en eux le désir qu'ils ont de la paix et les rendre moins difficiles dans leurs prétentions sur ces pays. Si Ducasse peut arriver bientôt à bon port, j'espère que ce sera le dernier coup d'éperon. Je vous embrasse de tout mon cœur.

LOUIS.

CCIX.

AU ROI PHILIPPE V.

A Versailles, le 16 novembre 1711.

Quoique je ne doute pas, mon très cher frère, que l'on ne vous dépêche incessamment un courrier sur le bon train que nos affaires continuent de prendre, je ne veux pas laisser passer néanmoins ce jour d'ordinaire sans vous écrire, ayant résolu de n'y point manquer. L'Angleterre veut toujours la paix, et je ne doute pas que la Hollande, qui s'y est opposée d'abord, n'y vienne aussi à son tour. Vous verrez tout cela plus en détail par ce que le courrier vous portera. Il est constant que les François s'intéressent à votre maintien plus qu'on ne le peut dire.

---

1. Au sens de manquer son coup, d'où est venu le verbe *rater*.

Il n'y a pas deux avis là-dessus, et c'est avec un extrême plaisir que je vois qu'il n'y en doit point avoir. Les bons Espagnols pensent de même sans difficulté, et, s'il y a encore quelques mauvais sujets, la paix, sapant le fondement de leurs intentions dépravées, les fera, à ce que j'espère, rentrer tous dans leur devoir.

J'ai appris avec beaucoup de plaisir la manière dont les ennemis ont échoué dans leur entreprise sur Tortose [1] ; il faut qu'ils regardent cette ville d'une grande conséquence pour eux, puisque c'est la seconde fois qu'ils tentent la même chose, et en effet il auroit été bien dangereux qu'ils y eussent réussi. Je souhaite que les difficultés pour le siège de Cardone puissent se lever et que la campagne finisse en Catalogne par cette conquête.

Je suis fort aise que les travaux de votre palais de Madrid soient bientôt achevés [2] et que vos peuples puissent vous voir dans votre capitale d'une manière convenable à votre dignité. Le beau temps que vous avez sur les bords du Tage n'est pas de même sur ceux de la Seine. Il y a près de six semaines qu'il pleut presque tous les jours, et il y en a déjà plusieurs que la rivière est débordée.

M. le comte de Toulouse se porte à merveilles de

1. M. de Stahrenberg, qui tenait encore en Catalogne pour l'Archiduc, avait cru pouvoir s'emparer de Tortose par suite des intelligences qu'il avait dans la place ; il y envoya un corps de trois mille hommes; mais le commandant espagnol déjoua son projet et repoussa les assaillants.

2. Philippe V faisait aménager de nouveaux appartements dans le palais de Madrid, et séjournait à Aranjuez en attendant.

sa taille [1] ; il est dans son dixième jour ; il est presque sûr qu'il en guérira, et il sera délivré d'un mal dont il s'étoit ressenti depuis l'âge de huit ans. Je ne comprends pas comment il avoit pu faire avec cela un exercice semblable à celui qu'il faisoit encore il n'y a pas dix-huit mois.

Comme je vous écrirai encore apparemment dans deux ou trois jours, je finis aujourd'hui ma lettre, mon très cher frère, en vous embrassant de tout mon cœur, et vous conjurant de m'aimer toujours autant que je vous aime.

LOUIS.

CCX.

AU ROI PHILIPPE V.

A Versailles, le 18 novembre 1711.

Le courrier qui vous portera cette lettre, mon très cher frère, est chargé des dépêches qui vous instruiront de la bonne suite de la négociation, qui continue d'aller en avant, quoique plus lentement qu'il n'auroit été à souhaiter. Je ne vous répète point ici les choses dont vous serez instruit par le marquis de Bonnac ; mais vous jugerez aisément que, les Anglois continuant à tenir ferme, les autres alliés ne pourront se dispenser de traiter et de faire ensuite la paix, qui sera un grand bien pour toute l'Europe ;

---

1. Le comte avait été taillé le 7 novembre par le chirurgien Mareschal d'une fort grosse pierre dans la vessie ; il y a beaucoup de renseignements sur la maladie et l'opération dans les *Mémoires de Sourches*, tome XIII, p. 216, 226, 230, 232-233, 241 et 245.

car je ne doute pas que celle du Nord ne suive la
nôtre de près. Il auroit été bien à souhaiter que l'on
eût pu attendre aux conférences à s'expliquer comme
l'on commence à faire aujourd'hui ; mais il n'y a
pas moyen de s'en dispenser, si l'on veut avancer
ou même ne pas risquer de tout rompre, en donnant lieu aux Anglois de soupçonner notre bonne
foi, que vous connoissez être entière. C'est à eux à
en avoir aussi de leur côté, et je ne doute pas qu'ils
aient compris que l'intérêt du parti royaliste, qui
domine présentement, et le particulier des principaux chefs, se trouvent absolument à conclure
promptement une bonne paix qui puisse durer. C'est
à quoi tout le monde doit tendre, et une des choses
auxquelles l'on devra plus s'appliquer dans le traité
futur et dans les négociations qui pourront le suivre,
sera de couper et d'arracher toutes les semences de
guerre, qui ne seront encore que trop fréquentes.

Comme il n'y a pas grandes nouvelles d'ailleurs,
je finirai ma lettre avec mes raisonnements, en vous
embrassant de tout mon cœur, mon très cher frère,
et vous priant de m'aimer autant que le mérite la
tendresse infinie que j'ai pour vous ; faites aussi, je
vous prie, bien des compliments à la reine de ma
part.

Louis.

CCXI.

AU ROI PHILIPPE V.

A Versailles, le 23 novembre 1711.

Les nouvelles que vous me mandez par votre lettre
du 9 de ce mois, mon très cher frère, sont trop

avantageuses pour ne m'en pas réjouir avec vous.
J'espère que la grossesse de la reine, qui est une
marque du rétablissement de sa santé, achèvera d'emporter tout ce qui pourroit être encore des suites de
sa maladie ; personne ne vous souhaite plus que moi
des successeurs qui vous attachent vos peuples de
plus en plus. L'arrivée du vaisseau de l'escadre de
Ducasse est très avantageuse ; mais il faut que le total
arrive à bon port avant que la joie puisse être parfaite et exempte de toute inquiétude[1].

Vous aurez vu, par les nouvelles que portoit le
dernier courrier qui est parti d'ici, qu'il y a lieu
d'espérer que la nomination de vos plénipotentiaires[2]
ne sera pas inutile, toutes choses continuant à s'ache-
miner à la paix. Je suis persuadé que vous avez choisi
de bons sujets pour cet emploi ; j'en connois un qui
en est très digne : vous croyez bien que je veux
parler du comte de Bergeyck ; je regrette seulement
qu'il ne puisse pendant ce temps travailler à rétablir
l'intérieur de vos affaires, ainsi qu'il a déjà commencé ; mais ce qui est différé ne sera pas perdu, à
ce que j'espère, et la paix rendra ses travaux plus
aisés et plus utiles.

Je comprends aisément que les nouvelles troupes
que le Roi envoie en Roussillon vous font plaisir en

1. On commençait à être inquiet du retard de l'escadre de
Ducasse escortant les galions des Indes, quoiqu'un de ses vais-
seaux, commandé par le chevalier de Tourouvre, eût abordé en
Galice (*Dangeau*, tome XIV, p. 38).

2. Les trois plénipotentiaires désignés par le roi d'Espagne
étaient le duc d'Osuna, le comte de Bergeyck et M. de Monté-
léon.

obligeant les ennemis d'avoir plus d'attention à ce côté-là et par conséquent à laisser les coudées plus franches au duc de Vendôme.

Je suis ravi que vous vous soyez diverti à la chasse à Aranjuez ; nous faisons ici assez souvent des battues de lapins dans les lieux que vous connoissez, et nous chassons aussi aux faisans, qui se sont infiniment multipliés dans le petit et dans le grand parc, depuis que Blouin [1] en a pris soin, c'est-à-dire depuis dix ans et près de onze.

Étant un peu tard ce soir et ayant déjà travaillé un peu de suite, je finis cette lettre, mon très cher frère, en vous embrassant de tout mon cœur, vous priant de m'aimer toujours autant que je vous aime

LOUIS.

CCXII.

AU ROI PHILIPPE V.

A Versailles, le 30 novembre 1711.

Lorsque je reçus hier, mon très cher frère, votre lettre du 16, par laquelle vous me mandiez les préparatifs que le duc de Vendôme faisoit pour le siège de Cardone, je venois d'apprendre que la ville avoit été emportée l'épée à la main [2] et que l'on atten-

1. Louis Blouin, premier valet de chambre du Roi, était en même temps intendant et gouverneur des châteaux de Versailles et de Marly depuis 1701.

2. Cardone fut emportée d'assaut le 19 novembre par MM. de Muret et d'Arpajon détachés par le duc de Vendôme pour l'assiéger.

doit dans peu la réduction du château ; cette nouvelle m'a causé beaucoup de joie. Voilà les ennemis
resserrés en Catalogne ; la campagne n'y est point
inutile, et tout contribue à préparer la paix.

Il y a trois jours que l'on a su par un exprès du
comte de Strafford, ambassadeur en Hollande de la
princesse Anne, que les passeports pour nos ambassadeurs avoient été expédiés et envoyés à cette princesse, à qui les États Généraux se remettent du choix
de la ville où l'on traitera la paix, pressant néanmoins que ce soit à la Haye ; mais je crois que l'ex-
clusion que le Roi continue de donner à cette ville
fera établir ailleurs le siège de la négociation. Nous
sommes donc dans l'attente et de ces passeports, qui
doivent nous venir d'Angleterre, et de l'ouverture
du Parlement, dont les délibérations seront sans
doute absolument favorables à la paix. Cette attente,
qui est fort agréable, ne nous empêche pas de travailler fortement aux préparatifs de la campagne,
sachant bien que la paix sera meilleure lorsque l'on
sera mieux en état de continuer vigoureusement la
guerre. On dit cependant de toutes parts que l'on ne
la reverra plus et que la paix se conclura incessamment, au grand contentement, je crois, de toute
l'Europe, qui en a un très grand besoin.

Le retardement de Ducasse me met dans quelque
inquiétude, et elle ne sera finie que lorsqu'il sera
arrivé dans vos ports. J'ai appris avec un extrême
plaisir la manière dont vous avez été reçu à votre
retour à Madrid ; les peuples dont on a le cœur comme
vous avez celui des Castillans sont bien plus aisés à
gouverner que d'autres qui n'obéissent que par res-

pect ou même par crainte. Je suis persuadé que, quoi qu'en puisse dire l'Archiduc, il ne pense plus intérieurement à l'Espagne et qu'il sera content de l'Empire avec tout ce qu'il pourra gagner de proche en proche.

Je suis bien aise que vous soyez content des « ajustamens » que l'on a fait à votre palais. Il faut qu'un roi soit logé convenablement à sa dignité, qui demande de la représentation. J'espère que l'on vous enverra bientôt d'ici beaucoup de choses à vous appartenantes [1], qui contribueront encore à son ornement et à votre utilité. Il continue toujours de pleuvoir presque tous les jours depuis sept semaines, ce qui rend les chemins et les rivières même presque impraticables, en sorte que ce transport ne se pourra guère faire devant le printemps.

Voilà, mon très cher frère, ce que j'ai à vous écrire pour aujourd'hui, ayant encore plusieurs choses à faire avant la fin de la journée, vous priant de m'aimer toujours et d'être persuadé que l'on ne peut avoir une plus vive tendresse que celle que j'ai pour vous.

Louis.

CCXIII.

AU ROI PHILIPPE V.

A Versailles, le 17 décembre 1711.

Vous verrez, mon très cher frère, par les nouvelles que vous porte le courrier extraordinaire qui va par-

---

1. Provenant de la succession du Dauphin.

tir que la négociation continue et s'avance, en sorte
que l'on a tout lieu d'en espérer une bonne et
prompte issue. Il paroît que les Hollandois se radou-
cissent et quittent leur première force ; il est vrai que
la demande qu'ils font à l'égard de vos plénipotentiaires et de ceux des deux Électeurs[1] seroit suspecte
si l'on ne voyoit par la fin même qu'ils les admettent
aussi dans la suite. Ils ne la font que parce que, ne
s'étant pas encore déclarés ouvertement sur votre
reconnoissance, ils doivent garder ce ménagement
pour l'Archiduc ; mais vos affaires seront sûrement
entre les mains du Roi : vous connoissez l'amitié
qu'il a pour vous, et, s'en trouvant chargé, il ne sera
que plus engagé à les bien ménager selon ses intentions et les vôtres.

L'Archiduc se plaint hautement et proteste qu'il
ne fera jamais de paix, comme vous le verrez sans
doute dans la lettre qu'il en écrit à l'Électeur Pala-
tin ; mais tout cela ne sera que du bruit qui n'abou-
tira à rien, et, quand les principaux d'entre les Alliés
seront d'accord, il faudra qu'il les suive malgré
qu'il en ait, à moins qu'il ne veuille s'exposer à
perdre tout ce qui pourra lui demeurer et peut-être
encore davantage.

Vous aurez vu, par la dernière lettre que je vous
écrivis le 30 du mois passé, que je savois déjà la prise
de la ville de Cardone, et je suis étonné de n'avoir
pas appris encore celle du château. Il aura duré

---

1. Les Hollandais refusaient d'admettre les plénipotentiaires
de Philippe V, parce qu'ils ne l'avaient pas reconnu comme
roi d'Espagne, et ceux des électeurs de Cologne et de Bavière,
parce qu'ils avaient été mis au ban de l'Empire.

apparemment plus longtemps que l'on n'avoit cru.

Je ne suis pas surpris que vous ayez été quelques ordinaires sans recevoir de mes lettres, ayant manqué d'écrire une fois pendant le dernier voyage de Marly, et ayant écrit trop tard la semaine suivante ; mais vous devez en avoir reçu plusieurs à la fois par un courrier extraordinaire qui vous portoit les dernières nouvelles alors d'Angleterre et les réponses que le Roi y avoit faites.

Il s'est passé ces jours-ci un assez grand mouvement de troupes sur la frontière de Flandres ; le maréchal de Montesquiou a fait combler une partie du canal qui va de Lille à Douay et gâter le courant de la Scarpe au-dessous de cette dernière ville, ce qui empêchera d'y faire des magasins si facilement et coûtera du temps et de la dépense aux ennemis pour raccommoder ce que l'on a gâté. Ils ont remué leurs garnisons pour s'opposer à ce travail, mais trop tard, et l'on étoit déjà retiré quand ils se sont mis en mouvement.

Mon frère de Berry s'est donné ces jours passés un tressaillement dans le gros de la jambe, qui l'a obligé de garder le lit pendant les premiers jours[1] et l'empêche encore de bien marcher ; mais j'espère que cela n'aura point de suite fâcheuse et qu'il en sera bientôt tout à fait quitte. M. le comte de Toulouse est guéri ; il se lève et se rétablit, mais assez lentement.

Voilà, mon très cher frère, tout ce que je sais à

---

1. C'est en jouant à la paume que le duc de Berry s'était donné cette entorse (*Dangeau*, tome XIV, p. 37).

vous dire pour aujourd'hui, si j'en excepte ce qui regarde ma tendresse pour vous ; car je serois long sur ce chapitre, si je disois tout ce qu'elle me fait penser ; continuez-m'en toujours une pareille et faites bien mes compliments à la reine.

LOUIS.

CCXIV.

AU ROI PHILIPPE V.

A Versailles, le 28 décembre 1711.

Rien ne peut égaler, mon très cher frère, la régularité avec laquelle vous m'écrivez, et je ne puis qu'être très honteux lorsque je manque une seule fois à y répondre de même. Vous aurez vu par ce que vous portoit le dernier courrier que les Hollandois insistoient à ne pas envoyer maintenant les passeports à vos plénipotentiaires ; que, sur ce que ne vous reconnoissant point, ce pas auroit emporté la reconnoissance ; mais vous aurez vu par leur réponse même que cela ne pouvoit manquer dans la suite ; c'est toujours beaucoup que de gagner peu à peu quelque chose sur des ennemis difficiles, enflés de leurs bons succès, et qui voient avec peine qu'ils ne leur seront pas aussi utiles qu'ils se l'étoient imaginé.

Le retardement de la prise du château de Cardone me fait peine ; je sais que le comte de Muret[1] a peu

1. Jean-François Lécuyer, comte de Muret, avait été fait lieutenant général en 1710 et quitta alors l'armée de Dauphiné pour aller servir en Espagne.

de munitions, et cependant par les plans que j'ai vus il paroît qu'il auroit besoin de poudre pour miner les diverses enveloppes du château, sans quoi il seroit à craindre que l'assaut ne réussît point. J'ai vu cependant par une lettre du duc de Vendôme qu'il se préparoit à le donner bientôt, et je souhaite qu'il vienne incessamment un courrier avec la bonne nouvelle de cette conquête.

Les dernières d'Angleterre ont parlé de l'ouverture du Parlement et de la harangue de la reine, qui a été en faveur de la paix [1] ; mais l'on ne sait point encore les réponses du Parlement. On dit cependant que le parti pour la paix a prévalu de peu de voix dans la chambre des seigneurs, mais qu'il a passé de cent cinquante dans celle des communes, ce qui est d'une plus grande conséquence. Une autre nouvelle disoit que, dans la chambre haute, la pluralité l'avoit emporté pour la guerre, à moins que l'Archiduc n'eût l'Espagne ; mais, quand cela seroit vrai, on dit que tous les pairs ne sont pas encore arrivés, et la chambre basse est très maîtresse de l'argent. On en saura davantage ce soir ou demain que doit arriver l'ordinaire d'Hollande, et je compte aussi qu'il viendra incessamment un courrier en droiture, chargé des passeports pour les ambassadeurs du Roi. Leurs équipages sont déjà en chemin, et ils ne tarderont pas de s'y mettre eux-mêmes, quand ils en auront la liberté. Si tous ceux avec qui nous aurons à traiter y alloient d'aussi bonne foi que le Roi, la paix seroit

---

1. Voyez le compte rendu de la séance d'ouverture dans les *Mémoires de Sourches*, tome XIII, p. 260-261.

bientôt conclue ; mais je ne doute pas qu'il n'arrive beaucoup de contre-temps de la part de ceux qui ne la veulent point, et qu'ils ne tâchent de faire recommencer la campagne, qu'il seroit bon de prévenir du moins par quelque suspension d'armes, si l'on ne le pouvoit par la conclusion du traité. Il faut s'en remettre sur cela comme sur toute autre chose à la volonté de Dieu, en faisant cependant de notre côté tout ce qui se peut pour terminer tout ceci par une bonne et solide paix. Je suis bien assuré, mon très cher frère, que ces sentiments sont les vôtres, et j'espère que les miens y seront toujours conformes. J'en dis de même de ce que je pense sur votre chapitre et vous sur le mien, vous priant de m'aimer toujours autant que le demande la tendresse extrême que j'ai pour vous.

LOUIS.

CCXV.

AU ROI PHILIPPE V.

A Versailles, le 4 janvier 1712.

Cette lettre étant, mon très cher frère, la première que je vous écris de cette année, je dois commencer par vous y souhaiter toutes sortes de bonheurs et de prospérités. Vous connoissez assez ma tendresse pour être assuré de la sincérité de ce souhait. Un des plus grands que nous puissions avoir dans le cours de cette année, c'est une bonne paix qui puisse durer longtemps à la satisfaction de tout le monde. J'espère qu'enfin Dieu nous l'enverra.

Nous avons reçu les passeports pour les ambassadeurs du Roi le premier jour de l'an précisément[1]. Ils doivent partir après-demain, et je puis vous assurer que, tant que vos intérêts passeront par leurs mains seules, ils y auront une attention plus exacte que vos plénipotentiaires eux-mêmes, ou égale du moins. C'est dans ces sentiments qu'ils partent, et c'est dans ces sentiments que le Roi, qui les envoie, est encore plus qu'eux. Pour moi, vous ne doutez pas que je ne les aie bien à cœur et que je ne fasse tout ce qui me sera possible pour les ménager à votre plus grand avantage.

Voilà donc la négociation sur le point de commencer ; mais l'ouvrage n'est pas fini pour cela. Ceux qui gouvernent la Hollande n'y entrent qu'à regret, et l'on doit s'attendre à de grandes difficultés et à de grandes contradictions ; les propositions même que les Alliés feront d'abord seront bien différentes du but auquel on prétend les amener, et toutes ces choses ne doivent ni surprendre, ni rebuter ; mais il faut aller avec patience pour arriver au terme que l'on s'est proposé, et j'espère qu'avec l'aide de Dieu l'on surmontera tous les obstacles et que l'on y arrivera. C'est lui qui n'a pas permis que les succès des ennemis continuassent comme ils avoient commencé et qui a renversé une grande partie de leurs projets, et c'est lui qui, étant un Dieu de paix, nous la donnera, afin que nous ayons lieu de le mieux servir dans la tranquillité et dans le repos qui nous est si nécessaire.

1. Dangeau en effet annonce cette nouvelle le 1er janvier (tome XIV, p. 51).

La longueur du siège de Cardone m'afflige, et je crains que la mauvaise saison jointe au manque de vivres ne fasse échouer cette entreprise. J'espérerai toujours cependant qu'elle finira heureusement par l'extrême désir que j'en ai.

Je ne vous en dirai pas davantage pour ce soir, mon très cher frère, ayant à entretenir l'abbé de Polignac [1] qui part d'ici demain matin. Je vous embrasse de tout mon cœur et vous demande la continuation d'une amitié qui m'est bien chère.

Louis.

CCXVI.

A LA REINE D'ESPAGNE.

A Versailles, le 4 janvier 1712.

Le renouvellement de l'année me donne lieu, Madame, de me présenter à Votre Majesté en la lui souhaitant aussi heureuse qu'elle la peut désirer et suivie d'un grand nombre d'autres pareilles.

Vous verrez, par la lettre que j'écris au roi et par les nouvelles que vous recevrez d'ici, que l'on est sur le point d'ouvrir les conférences de la paix ; c'est je crois un des plus grands biens qui puissent nous arriver dans le cours de cette année, et j'espère qu'il viendra malgré les difficultés qui s'opposeront

---

1. Melchior, abbé de Polignac, qui devait recevoir le chapeau de cardinal en 1713, était un des plénipotentiaires français aux conférences d'Utrecht, avec le maréchal d'Huxelles et Mesnager.

sans doute à sa conclusion. Il ne tiendra pas à moi,
Madame, qu'elles ne soient surmontées et qu'en
agissant pour les intérêts du roi mon frère autant
qu'il pourra dépendre de moi, je ne vous fasse connoître, Madame, combien l'amitié que j'ai pour
Votre Majesté est véritable et combien je désire
mériter la continuation de la sienne.

Louis.

CCXVII.

AU ROI PHILIPPE V.

A Versailles, le 11 janvier 1712.

Vous avez bien raison, mon très cher frère, d'avoir
grande confiance au Roi ; je vous puis assurer qu'il
a vos intérêts bien à cœur et qu'ils sont entre ses
mains aussi bien que vous le pouvez désirer. Vous
le verrez aisément par les remarques qu'il a faites
sur le plein pouvoir que vous venez de lui envoyer,
puisqu'il trouve que vous lui en dites trop et que
les ennemis en pourroient tirer des inductions désa-
vantageuses pour vous. Vous jugez bien par là que
nous n'avons pas d'envie de jeter ce qui vous appartient à la tête des Alliés pour ainsi dire, et que nous
sommes en intention de nous en servir le plus utilement qu'il se pourra pour vous et pour nous.

Nos plénipotentiaires sont partis il y a quelques
jours, et l'arrivée de votre pouvoir ne leur sera pas
peu utile. J'espère que, quand ils diront que le Roi
l'a entre ses mains, ils en seront crus sur leur parole,
et qu'il ne sera pas nécessaire de le faire voir ; mais,

s'ils ne peuvent pas s'en dispenser pour commencer à traiter, ils ne le feront qu'à la dernière extrémité par la raison que je viens de vous dire des conséquences dangereuses que les ennemis en pourroient tirer. Je suis sûr que vous serez content de la manière ferme et négative dont ils recevront leurs premières propositions ; car il ne fait pas doute qu'ils ne demandent l'Espagne et les Indes pour l'Archiduc, et les Anglois le feront eux-mêmes pour ne pas parler différemment des autres ; mais ils changeront de langage les premiers, et les Hollandois y seront aussi obligés à leur tour.

Il est fâcheux que le malheureux événement de la levée du siège de Cardone soit arrivé en ce temps-ci [1] et que la campagne de Catalogne n'ait servi de rien. Le désir que j'avois de la réussite de cette entreprise m'a fait sentir vivement l'inconvénient de n'y avoir pu réussir et d'être obligé de prendre des quartiers en Aragon. Il faut travailler aux magasins pendant l'hiver pour être de bonne heure en état de repasser la Sègre et d'avancer en Catalogne plus que l'on n'a fait cette année. Si Ducasse pouvoit bientôt arriver, l'argent qu'il apporteroit donneroit lieu de presser ces préparatifs et ne feroit, je crois, pas un mauvais effet à Utrecht ; car plus on nous verra en état de recommencer la campagne, et plus l'envie en diminuera à ceux des ennemis qui le désirent.

Je vous avois écrit il y a quatre jours par le sieur

---

1. M. de Muret n'avait pu s'emparer du château de Cardone et avait dû abandonner la ville à la fin de décembre.

d'Aubigny [1], qui devoit partir avant-hier, au sujet de nos partages. Mais, comme son départ est retardé de quelques jours, je le ferai quand il sera sur le point de s'en aller, et pour aujourd'hui, mon très cher frère, je vous embrasserai de tout mon cœur, en vous priant de m'aimer toujours autant que le mérite la tendresse extrême que j'ai pour vous.

Louis.

CCXVIII.

AU ROI PHILIPPE V.

A Versailles, le 18 janvier 1712.

Je suis bien sensible, mon très cher frère, aux souhaits que vous me faites pour le commencement de cette année ; j'en connois la sincérité, connoissant votre amitié et vous aurez sans doute reçu pareillement ceux que je vous ai faits à la même occasion.

Il est certain qu'une bonne paix est ce qui nous peut arriver de meilleur, et j'espère que Dieu aura la bonté de nous la donner malgré les contradictions auxquelles on se doit attendre. Le Roi va demander aux évêques de faire faire des prières publiques pour l'obtenir de Dieu ; il n'y a personne qui ne s'acquitte de bon cœur de ce devoir, et l'on peut se flatter qu'elles auront leur effet.

1. Jean Bouteroue d'Aubigny, écuyer de la princesse des Ursins et son favori, qu'elle employait pour des missions secrètes et confidentielles ; il était alors en France pour tâcher d'obtenir que Louis XIV exigeât, par la signature de la paix, la constitution d'une petite souveraineté indépendante pour sa maîtresse sur les confins du Luxembourg.

Nous saurons dans peu de jours de quelle manière les conférences se seront ouvertes à Utrecht ; mais, pour leur conclusion, je crains fort qu'elle ne soit pas si prochaine que l'on l'avoit cru d'abord.

Vous verrez dans les nouvelles publiques que le parti dominant en Angleterre ne s'endort point, et qu'il attaque directement le duc de Marlborough[1] ; il est certain qu'il ne peut se soutenir que par des partis de force et que, s'il commence à plier, le parti opposé, qui est le plus riche, reprendra aisément le dessus.

Étant prêt à partir pour Marly et n'ayant rien davantage d'important à vous entretenir, je vous embrasse tendrement, mon très cher frère, et vous prie de m'aimer toujours comme je vous aime.

Louis.

CCXIX.

AU ROI PHILIPPE V.

A Versailles, le 8 février 1712.

Vous n'aurez ce soir qu'un très petit mot de moi, mon très cher frère, quoiqu'il y ait plusieurs ordinaires que je ne vous aie écrit.

Madame la Dauphine a souffert toute la nuit dernière et une partie du jour une extrême douleur près de l'oreille, pour laquelle elle a été saignée deux fois ; elle en est soulagée ce soir, et j'espère

---

1. Marlborough et sa femme, attaqués vivement par le parti whig, furent obligés de quitter temporairement l'Angleterre.

qu'elle en sera quitte demain. Cela a été précédé d'un accès de fièvre, et elle l'a encore ce soir, ce qui ne se peut autrement, vu ce qu'elle a souffert ; mais le tout a été sans aucun danger et finira bientôt à ce que l'on espère [1]. C'est la raison qui l'empêchera d'écrire aujourd'hui à la reine ; je vous prie de le lui dire de sa part en lui faisant aussi bien mes compliments.

Le marquis de Bonnac vous instruira du commencement des conférences d'Utrecht et de la bonne disposition qui continue pour la paix, surtout en Angleterre.

Adieu, mon très cher frère, je vous embrasse et vous aime plus tendrement que je ne le puis dire.

LOUIS.

---

1. La Dauphine mourut le vendredi 12 février à huit heures du soir, et le duc de Bourgogne, tombé malade lui-même depuis quelques jours, la suivit dans la tombe le jeudi matin 18 février, dix jours après la date de la présente lettre, qui est la dernière qu'il adressa à son frère. Il faut lire dans les *Mémoires de Saint-Simon*, édition Boislisle, tome XXII, p. 272 et suivantes, le récit de la mort du Dauphin et de la Dauphine.

APPENDICES

APPENDICE I.

LETTRES DU DUC DE BOURGOGNE
A DIVERSES PERSONNES
(1695-1711).

On trouvera réunies dans cet appendice une soixantaine de lettres du duc de Bourgogne adressées à diverses personnes. Dix seulement sont inédites[1] ; toutes les autres sont déjà connues ; mais elles sont dispersées dans divers recueils. Aussi nous avons cru utile de les réunir, de manière à former un ensemble qui renferme tout ce qu'il a été possible de retrouver de la correspondance du prince, en dehors des lettres qui ont été publiées par M. le marquis de Vogüé dans son livre *Le duc de Bourgogne et le duc de Beauvillier* et de celles que le général Pelet a insérées dans ses *Mémoires militaires relatifs à la guerre de la succession d'Espagne*[2].

Les publications d'où sont extraites les lettres ci-après (exception faite pour les inédites) sont au nombre de sept :

1° Il y a d'abord un lot de quatorze pièces[3], qui fai-

---

1. Ci-après, nᵒˢ III, XXI, XXIII, XXIX, XXXIV, XLVI, XLVIII, LII, LX et LXI.

2. On trouvera dans l'Appendice II, ci-après, une liste chronologique complète de toutes les lettres connues du duc de Bourgogne.

3. Ci-après, nᵒˢ II, IV-VII, X, XI, XV, XXX, XXXI, XXXIX, XL, XLIII et XLIV.

saient partie d'une collection de lettres de princes et princesses adressées à Mme de Maintenon. Les originaux autographes en existaient à la bibliothèque du Louvre; ils ont disparu dans l'incendie de 1871. Mais, en 1822, la Société des Bibliophiles français avait publié toutes ces pièces dans le tome II de ses *Mélanges*. Ce volume est aujourd'hui assez rare pour que l'administration de la Bibliothèque nationale l'ait fait placer dans la Réserve. De ces lettres, les quatre qui se rapportent à l'année 1701 ont été reproduites à nouveau dans le *Bulletin des Comités historiques : Histoire, sciences et arts*, volume de 1852. Enfin Théophile Lavallée a compris dans sa *Correspondance générale de Mme de Maintenon* toutes les lettres provenant de cette source antérieures à l'année 1704.

2° Vient ensuite le recueil de la *Correspondance de Fénelon* (1827-1829, 11 vol. in-8°); on y rencontre dans le tome Ier onze lettres du prince à son précepteur[1].

3° En 1782, l'abbé Proyart, principal du collège du Puy, fit paraître en deux petits volumes in-12 une *Vie du Dauphin père de Louis XV*, dans laquelle il a inséré, soit des pièces entières, soit des fragments de lettres et de mémoires émanés du prince. Ces documents lui avaient été communiqués, dit-il, par l'abbé Soldini, confesseur de Louis XVI ; celui-ci les avait trouvés dans les papiers du Dauphin, père de Louis XVI, qui lui avaient été confiés par sa veuve Marie-Josèphe de Saxe.

Cela indiquerait, d'une part, que les papiers du duc de Bourgogne n'ont pas tous été brûlés, comme le dit Saint-Simon[2], d'autre part, qu'il existait dans la famille royale des espèces d'archives de famille, où étaient conservés certains papiers présentant un caractère plus intime ou

---

1. Ci-après, n^os I, VIII, IX, XII, XVI, XIX, XXVII, XXVIII, XLV, XLVII et LI.

2. *Mémoires*, édition Boislisle, t. XXII, p. 357-361, avec la note de la page 361.

rappelant des souvenirs plus particuliers. Que sont devenus
ces papiers? Ont-ils disparu dans la tourmente révolu-
tionnaire? Sont-ils encore en la possession des héritiers
de la branche aînée de la maison de Bourbon? C'est ce
qu'il n'a pas été possible d'élucider. — Quoi qu'il en soit,
les documents publiés par l'abbé Proyart présentent un
caractère certain d'authenticité. Trois d'entre eux (ci-après,
n°s XXIV, XLIX et LV), dont il n'a donné que des fragments,
se retrouvent dans les *Mémoires de Noailles*; un autre
(n° VIII), dans la *Correspondance de Fénelon*; pour un
cinquième (n° XXXIV), nous avons pu copier l'original même
et constater sa parfaite conformité avec le fragment donné
par l'abbé Proyart, sans doute d'après une minute; car
il est probable que les documents qu'il eut entre les mains
n'étaient que des minutes, brouillons ou copies. — On
peut regretter seulement que cet éditeur n'ait publié souvent que des fragments des pièces qui lui passaient sous
les yeux; quel intérêt capital présenterait aujourd'hui
pour nous une publication complète? Les pièces insérées
ci-après qui proviennent exclusivement de cette source
sont les n°s XIII, XXI, XXII, XXVI, XXXII, XXXIII, XXXV-XXXVIII,
XLI, XLII, LIII, LIV, LVII-LIX, LXII et LXIII; d'autres, publiées
en totalité dans d'autres recueils, se trouvent également en
extraits dans l'œuvre de l'abbé Proyart[1].

4° Nous avons déjà parlé ci-dessus de la *Correspondance générale de Mme de Maintenon*, dont quatre volumes
seulement ont été publiés en 1865-1866 par Théophile
Lavallée; la mort a interrompu son œuvre après le quatrième volume, qui s'arrête à l'année 1701 et alors que le
cinquième volume, qui n'a pas été mis dans le commerce,
mais qui existe dans certaines bibliothèques, était poussé
jusqu'à 1703. L'éditeur a intercalé dans les lettres de
Mme de Maintenon celles qu'elle reçut de diverses personnes, et notamment du duc de Bourgogne. C'est comme

---

1. N°s VIII, XXIV, XXV, XXXIV, XLIX et LV.

cela qu'il fut amené à reproduire les pièces déjà publiées par les Bibliophiles français[1] et à en publier d'autres qui se trouvaient inédites dans les manuscrits des Dames de Saint-Cyr[2].

5° L'abbé Millot, en composant, au moyen des archives de cette famille, le recueil qu'il a intitulé *Mémoires du maréchal de Noailles*, y intercala un certain nombre de lettres du duc de Bourgogne adressées, soit à Mme de Maintenon, soit au duc de Noailles. Celles destinées à la première, au nombre de huit, toutes relatives à la campagne de 1708, ont été insérées par M. le marquis de Vogüé, dans *Le duc de Bourgogne et le duc de Beauvillier* ; nous ne les reproduisons pas ici. Quant aux quatre adressées à Adrien-Maurice, duc d'Ayen, puis de Noailles, on les trouvera ci-après sous les n°s XXIV, XXV, XLIX et LV.

6° La copie de la correspondance adressée au duc de Vendôme, qui est conservée à la Bibliothèque nationale dans le ms. Français 14178, renferme douze lettres du prince à Vendôme. Huit d'entre elles, relatives à l'année 1708, ont été publiées par M. de Vogüé dans le recueil cité ci-dessus ; une autre, du 13 octobre, lui a sans doute échappé ; nous la donnons ci-après (n° L), quoique M. de Boislisle l'ait déjà insérée dans l'Appendice du tome XVI des *Mémoires de Saint-Simon*, p. 606. Il avait de même donné dans le tome XX du même ouvrage, p. 446, celle du 2 février 1711, qu'on trouvera plus loin sous le n° LVI. Au contraire, celles du 10 octobre 1703 et du 11 mai 1711 étaient restées inédites ; nous les publions ci-après, n°s XXI et LXI.

7° Enfin, Le Bouyer de Saint-Gervais, éditeur des *Mémoires du maréchal Catinat,* a publié et reproduit en fac-similé dans cet ouvrage une lettre du duc de Bourgogne au maréchal, qu'il attribue, on ne sait par quelle

---

1. N°s II, IV-VII, X, XI et XV.
2. N°s XVII et XVIII.

aberration, au prince Louis de Bade ; elle a trouvé place dans le présent appendice sous le n° xiv.

Nous aurions été heureux de joindre à ces lettres le texte des quatre que possède la célèbre collection de sir Alfred Morrisson. La première, datée du 9 septembre 1702 et adressée au roi Philippe V, n'est entrée dans le cabinet du collectionneur anglais que depuis moins de trente ans. M. de Boislisle avait pu auparavant en prendre une copie, et il l'a publiée dans le tome X des *Mémoires de Saint-Simon*, p. 194, note 1, et nous l'avons rééditée dans le tome Ier de la présente publication, sous le n° vii. Pour les trois autres, qui portent les dates des 24 septembre 1702, 31 juillet et 27 septembre 1708 et qui sont adressées à des destinataires qui n'ont pas été identifiés, nous n'avons pu arriver à en obtenir une copie ; il faut donc nous résigner à ne faire qu'en signaler l'existence.

On pourrait encore trouver certainement, soit dans des bibliothèques publiques, soit plutôt dans des archives privées, quelques autres lettres du duc de Bourgogne ; mais il est probable que cette récolte serait peu abondante. En somme, sauf les trois grandes collections : archives espagnoles d'Alcala-de-Hénarès (lettres à Philippe V et à la reine sa femme, objet de la présente publication), archives du ministère de la Guerre (lettres au Roi et à Chamillart des années 1703 et 1708, qui forment l'appendice de notre tome Ier), et archives du château de Saint-Aignan (lettres au duc de Beauvillier publiées par M. le marquis de Vogüé), les lettres du duc de Bourgogne sont certainement très rares, et les quinze lettres originales que possède M. le marquis de Montgon et que M. de Vogüé a jointes à celles au duc de Beauvillier, forment une exception remarquable, qui n'a probablement pas sa pareille.

I.

A Fénelon, archevêque de Cambray[1].

[Fontainebleau], 23 octobre 1695[2].

Mon rhume va beaucoup mieux, ou plutôt est fini. J'ai commencé à sortir depuis deux jours. Nous avons eu jusque là vilain temps, avec une pluie presque continuelle. Nous retournerons à Versailles après demain, où je reprendrai mon train ordinaire ; car cette maladie m'avoit un peu dérangé. Quand je suis parti de Versailles, le serin sortoit de mue et recommençoit à chanter. J'ai achevé l'histoire de François Ier, et je suis au milieu du quatrième livre de Tacite. J'espère qu'il sera achevé dans trois semaines. Je souhaite de vous revoir bientôt en bonne santé. En attendant, soyez bien persuadé, je vous prie, de l'amitié que j'ai pour vous. N'oubliez pas de temps en temps de m'écrire : vos lettres me font toujours plaisir.

LOUIS.

1. *Correspondance de Fénelon*, tome I, p. 60.
2. Dans la *Correspondance de Fénelon* cette lettre est datée à tort de 1696 ; elle est de l'année précédente. En effet, en 1695, la cour quitta Fontainebleau le 25 octobre, comme le prince le dit ; en 1696, elle y resta jusqu'au 7 novembre, et ce fut pendant ce séjour que la princesse de Savoie, fiancée au duc de Bourgogne, arriva à Fontainebleau ; il semble que le prince aurait dû faire allusion à cet événement, s'il avait écrit en 1696.

II.

A Madame de Maintenon [1].

28 décembre 1697.

M. de Beauvillier, Madame, vient de me dire la bonté qu'a le Roi de m'augmenter mes menus plaisirs jusqu'à trois mille livres par mois [2]. Je vous prie de vouloir bien lui marquer ma reconnoissance et d'être persuadée que je suis très sensible à l'amitié que vous me faites paroître dans toutes les occasions. Je vous assure, Madame, que j'y répondrai comme je dois.

Louis.

III.

A la duchesse de Savoie [3].

A Versailles, ce 31 mai 1699.

Madame,

Ma joie a été complète en apprenant en même temps votre parfaite santé et la naissance d'un prince dont Dieu

1. Autographe de la bibliothèque du Louvre, brûlé en 1871, paru dans le tome II des *Mélanges publiés par la Société des bibliophiles français* (1822), dans le *Journal de Dangeau*, tome VI, p. 126, note, et réimprimée par Lavallée, *Correspondance générale de Mme de Maintenon*, tome IV, p. 191.

2. Il n'avait auparavant que cinq cents francs. Le Roi accorda la même somme de trois mille livres à la duchesse de Bourgogne.

3. Original vendu par Étienne Charavay, le 2 décembre 1889, n° 32 du Catalogue.

a récompensé votre vertu [1]. Vous auriez sûrement été
satisfaite si vous aviez été témoin de mes premiers mouvements, et je suis certain qu'ils vous auroient convaincue
que ma tendresse pour vous est telle que vous la pouvez
désirer et qu'elle doit être.

Louis.

IV.

A Madame de Maintenon [2].

A Toulouse, le 16 février 1701.

Je vous suis infiniment obligé, Madame, de la peine
que vous avez à faire ce que je vous ai prié, puisque c'est
une marque de votre amitié ; mais en même temps je vous
assure que vous ne pouvez m'en donner une plus grande
qu'en achevant de résoudre le Roi à me permettre d'aller
à la guerre, s'il y en a. Je viens de lui écrire une seconde
lettre pour le presser de nouveau, en cas qu'il n'ait pas
encore pris son parti. Je vous conjure aussi de regarder en
ceci mes intérêts et de passer par-dessus la peine que cela
vous peut faire. Je suis ravi que vous ayez approuvé le

1. Victor-Amédée-Joseph-Philippe, prince de Piémont, né
le 6 mai 1699, mort le 22 mars 1715 ; la duchesse n'avait eu
jusqu'alors que des filles, dont la duchesse de Bourgogne était
l'aînée.

2. Autographe de la bibliothèque du Louvre, publié dans
le tome II des *Mélanges des Bibliophiles français*, dans le *Bulletin des Comités historiques : Histoire, sciences et lettres*, 1852,
p. 102, dans le *Journal de Dangeau*, tome VIII, p. 38, et reproduite par Lavallée, *Correspondance générale de Mme de Maintenon*, tome IV, p. 383, avec la date erronée du 6 février. Les
princes n'arrivèrent à Toulouse que le 13 (*Dangeau*, tome VIII,
p. 36).

style de ma première lettre au Roi [1]. Je l'ai faite tout de
mon mieux, et, dans une occasion comme celle-ci, j'ai cru
que je ne devois rien oublier. Je finis en vous suppliant,
Madame, d'être toujours persuadée de la sincère amitié que
j'ai pour vous et qui ne sauroit qu'augmenter toujours.

LOUIS.

V.

A Madame de Maintenon [2].

A Villefranche [3], le 18 février 1701.

Je suis ravi, Madame, que mon inquiétude n'ait pas
été longue. J'espérois toujours que le succès seroit tel que
je le souhaitois, et ce qui me fait un sensible plaisir est de
croire que vous n'avez pas eu peu de part à ce qui me donne
à présent de la joie. Je vous prie de m'excuser si j'avois
été un peu inquiet de voir que vous aviez de la peine à presser le Roi dans cette occasion ; mais je reconnois à présent
que ce n'étoit qu'un effet de votre amitié, sur quoi j'ai toujours compté et dont je ressens si souvent les effets. Je
vous prie, Madame, d'être persuadée de ma reconnoissance
et de l'amitié que j'ai pour vous, qui ne finira jamais.

LOUIS.

1. On remarquera qu'aucune des lettres intimes du prince
au Roi, son grand-père, ne nous est parvenue.
2. Même origine que la lettre précédente ; *Mélanges des
Bibliophiles français* ; *Bulletin des Comités*, p. 103 ; *Correspondance générale*, p. 386.
3. Villefranche-de-Lauraguais.

VI.

À *Madame de Maintenon* [1].

À Marseille, le 9 mars 1701.

Je suis fort sensible, Madame, à l'intérêt que vous prenez à ma santé [2] ; je crois que présentement vous êtes hors
de l'inquiétude où elle vous a mise, et que vous savez que
je suis parfaitement rétabli. Je vis hier les galères dans le
port, et j'en fus charmé. Je souhaiterois bien de pouvoir
les voir en mer ; mais il fait ici un vent qui ne leur permet
pas de sortir. Je vous avoue que, depuis que le Roi m'a
assuré que j'irois à la guerre et qu'il prépare tout pour
cela, comme vous me l'avez mandé, je suis encore plus
curieux de nouvelles qu'auparavant, quoique naturellement
je le sois beaucoup. Excusez, Madame, si ma lettre est si
courte ; mais nous sommes ici dans un endroit où je n'ai
pas beaucoup de temps et où il y a toujours quelque chose
de nouveau à voir ; mais je vous supplie d'être toujours
persuadée de la sincère amitié que j'ai pour vous.

LOUIS.

1. Autographe du Louvre ; *Mélanges des Bibliophiles français* ;
Bulletin des Comités, p. 114 ; *Correspondance générale de M*^{me}
de Maintenon, p. 415.

2. Il avait eu quelques accès de fièvre (*Dangeau*, tome VIII,
p. 41).

VII.

A *Madame de Maintenon* [1].

A Romans, le 2 avril 1701.

Je suis ravi, Madame, que le Roi m'ait permis de prendre la poste à Dijon, et j'espère, par ce moyen, me rendre le 20 à Versailles [2]. Nous avons appris ce matin les propositions que les Hollandois font au Roi, et il me paroît que ce n'est pas une marque qu'ils veuillent la paix. Vous savez bien que je n'en serois pàs fâché ; mais il faut attendre là-dessus les dispositions de la divine Providence, qui sait mieux que nous-mêmes ce qui nous convient. J'ai appris aussi que la plupart des dames du palais étoient malades par la crainte du départ de leurs maris, ou d'autres par leur départ même. Je suis ravi quand je songe que je serai moi-même bientôt témoin de ces afflictions ; mais ce n'est pas cela qui me touche le plus de mon arrivée. Vous connoissez des gens que je ne serai pas fâché de revoir, comme je vous l'ai déjà dit. Vous voulez bien que je finisse, Madame, en vous remerciant des avis que vous me donnez dans votre lettre, et en vous assurant que je ne crois pas pouvoir trouver de meilleure manière pour vous marquer mon amitié qu'en exécutant de si sages conseils.

LOUIS.

1. Autográphe du Louvre ; *Mélanges des Bibliophiles français* ; *Bulletin des Comités*, p. 117 ; *Correspondance générale*, tome IV, p. 422.

2. *Mémoires de Saint-Simon*, édition Boislisle, tome VIII, p. 270.

VIII.

A Fénelon, archevêque de Cambray [1].

A Versailles, le 22 décembre 1701.

Enfin, mon cher archevêque, je trouve une occasion favorable de rompre le silence où j'ai demeuré depuis quatre ans [2]. J'ai souffert bien des maux depuis; mais un des plus grands a été celui de ne pouvoir point vous témoigner ce que je sentois pour vous pendant ce temps, et que mon amitié augmentoit par vos malheurs, au lieu d'en être refroidie. Je pense avec un vrai plaisir au temps où je pourrai vous revoir; mais je crains que ce temps ne soit encore bien loin. Il faut s'en remettre à la volonté de Dieu, de la miséricorde duquel je reçois toujours de nouvelles grâces. Je lui ai été plusieurs fois bien infidèle depuis que je vous ai vu; mais il m'a fait toujours la grâce de me rappeler à lui, et je n'ai, Dieu merci! point été sourd à sa voix. Depuis quelque temps, il me paroît que je me soutiens mieux dans le chemin de la vertu. Demandez-lui la grâce de me confirmer dans mes bonnes résolutions et de ne pas permettre que je redevienne son ennemi, mais de m'enseigner lui-même à suivre en tout sa sainte volonté. Je continue toujours à étudier tout seul, quoique je ne le fasse plus en forme depuis deux ans, et j'y ai plus de goût que jamais; mais rien ne me fait plus de plaisir que la métaphysique et la morale, et je ne sau-

1. *Correspondance de Fénelon*, tome I, p. 116. Il y a des fragments de cette lettre dans la *Vie du Dauphin père de Louis XV*, par l'abbé Proyart, tome I, p. 83.

2. C'est-à-dire, depuis la disgrâce qui avait atteint Fénelon en 1697; il vivait depuis lors relégué dans son diocèse.

rois me lasser d'y travailler. J'en ai fait quelques petits
ouvrages, que je voudrois bien être en état de vous envoyer,
afin que vous les corrigeassiez, comme vous faisiez autre-
fois mes thèmes. Tout ce que je vous dis ici n'est pas bien
de suite; mais il n'importe guère. Je ne vous dirai point
ici combien je suis révolté en moi-même contre tout ce
qu'on a fait à votre égard; mais il faut se soumettre à la
volonté de Dieu, et croire que tout cela est arrivé pour
notre bien. Ne montrez cette lettre à personne du monde,
excepté à l'abbé de Langeron[1], s'il est actuellement à
Cambray; car je suis sûr de son secret, et faites-lui mes
compliments, l'assurant que l'absence ne diminue point
mon amitié pour lui. Ne m'y faites point non plus de
réponse, à moins que ce ne soit par quelque voie très
sûre et en mettant votre lettre dans le paquet de M. de
Beauvillier, comme je mets la mienne; car il est le seul
que j'aie mis de la confidence, sachant combien il lui seroit
nuisible qu'on le sût. Adieu, mon cher archevêque, je
vous embrasse de tout mon cœur, et ne trouverai peut-
être de bien longtemps l'occasion de vous écrire. Je vous
demande vos prières et votre bénédiction.

Louis.

1. François Andrault de Langeron, qui avait été nommé
lecteur des princes en 1689, fut compris dans la disgrâce de
Fénelon, avec lequel il était intimement lié; il se retira à
Cambray et y mourut en 1710.

IX.

A Fénelon, archevêque de Cambray[1].

A Péronne, le 25 avril [1702], à sept heures.

Je ne puis me sentir si près de vous sans vous en témoigner ma joie, et en même temps celle que me cause la permission que le Roi m'a donnée de vous voir en passant. Il y a mis néanmoins la condition de ne point vous parler en particulier ; mais je suivrai cet ordre, et néanmoins pourrai vous entretenir tant que je voudrai, puisque j'aurai avec moi Saumery[2], qui sera le tiers de notre première entrevue après cinq ans de séparation. C'est assez vous en dire de vous le nommer, et vous le connoissez mieux que moi pour un homme très sûr, et, qui plus est, fort votre ami. Trouvez-vous donc, je vous prie, à la maison où je changerai de chevaux, sur les huit heures ou huit heures et demie. Si par hasard trop de discrétion vous avoit fait aller au Cateau, je vous donne le rendezvous pour le retour, en vous assurant que rien n'a jamais pu diminuer ni ne diminuera jamais la sincère amitié que j'ai pour vous.

Louis.

1. *Correspondance de Fénelon*, tome I, p. 113.
2. Jacques-François de Johanne, marquis de Saumery, sousgouverneur des enfants de France en 1690, n'avait pas été disgracié en même temps que Fénelon, quoique très lié avec lui, grâce au duc de Beauvillier, qui avait répondu au Roi de sa loyauté.

X.

A Madame de Maintenon [1].

Au camp de Xanten, le 3 mai 1702.

J'ai cru, Madame, ne devoir point vous écrire que pour vous rendre compte de mon heureuse arrivée à l'armée, et de mon passage, que les ennemis n'ont nullement songé à inquiéter. J'espère que le Roi cessera d'être dans l'inquiétude où je crains que ce passage ne l'ait jeté. J'avoue qu'il pouvoit y paroître d'abord quelque fondement ; mais, quand on est venu au fait et au prendre, nos précautions ont paru à leur tour presque inutiles, et nous n'avons pas eu seulement de nouvelles des ennemis. Au reste, Madame, comme je sais que vous étiez vous-même en quelque inquiétude sur ma santé, je puis vous assurer qu'elle est très bonne, que je mange avec grand appétit et dors fort bien, quoique j'aie assez fatigué depuis quelques jours. J'espère qu'en me ménageant et m'épargnant les fatigues inutiles, le reste de la campagne ira de même. Je ne puis finir ma lettre sans vous renouveler les témoignages d'une amitié qui, quoi qu'on en ait pu dire, est très sincère, et vous prier de me conserver celle dont vous m'avez toujours donné tant de marques.

LOUIS.

Si je songe à me conserver de ce côté-ci, songez aussi je vous prie, à conserver une personne à qui vous savez

1. Autographe de la Bibliothèque du Louvre ; *Mélanges publiés par la Société des Bibliophiles français*, 1822, p. 53 ; Lavallée, *Correspondance générale de M*[me] *de Maintenon*, tome V, p. 155.

que je prends quelque intérêt[1] ; car j'aurois peur qu'elle
ne se fît malade, et vous êtes la seule de qui elle pourra
suivre les conseils là-dessus.

XI.

A Madame de Maintenon[2].

Au camp de Xanten, le 26 mai 1702.

Quand j'aurois des affaires plus fréquentes et plus
pressées que celles qui m'ont occupé jusqu'ici, je serois
bien fâché, Madame, de ne pas trouver quelquefois le
temps de vous faire souvenir de moi et de vous remercier
des avis que vous m'avez donnés dans votre lettre. J'en ai
profité sur-le-champ, et j'ai écrit au Roi plusieurs lettres
de suite, pour lui rendre compte des choses à mesure
qu'elles arrivoient. Mais ce qui me fait un extrême plaisir, c'est qu'il me revient de tous côtés que le Roi est
content de moi. J'avoue que c'est ce que je désirois avec le
plus d'empressement, et j'espère que, s'il se trouve à faire
quelque chose de plus considérable que ce qui s'est passé
usqu'ici, je continuerai toujours à mériter son approbation. C'est à quoi je prétends m'appliquer principalement,
et je suis sûr que vous ne désapprouverez pas ce dessein.
Je n'ai pas encore eu jusqu'ici des choses bien agréables
à conduire, et tous les gens qui sont ici conviennent qu'ils
n'ont jamais vu un pareil commencement de campagne.
Le convoi qui va arriver demain ou après nous mettra

1. La duchesse de Bourgogne.
2. Autographe de la Bibliothèque du Louvre ; publiée dans
les mêmes recueils que la précédente.

plus à notre aise et nous donnera lieu de paroître plus que nous n'avons fait jusqu'ici. On dit que les ennemis se retranchent fort dans le poste où ils sont, à six lieues de nous. Nous ne manquons pas de bonne volonté, et, si nous pouvons trouver quelque jour à leur faire du dommage et même à les attaquer, nous n'en perdrons pas certainement l'occasion. Je vous supplie, Madame, de me garder toujours quelque place dans l'honneur de votre amitié, et d'être persuadée que la mienne ne sauroit être plus sincère.

Louis.

XII.

Au marquis de Denonville [1].

Du camp de Xanten, 29 mai 1702.

J'ai reçu avec plaisir la lettre que vous m'avez écrite, et y ai reconnu le véritable attachement d'un cœur aussi bon et aussi droit que le vôtre. Rien ne m'est certainement plus agréable que de voir qu'on trouve que je fasse bien. Cependant ce n'est pas grand chose que de réussir devant les hommes, et je tâche principalement à faire bien devant Dieu de toutes sortes de manières. C'est là mon principal objet, et je vous en parle parce que je sais que cette matière vous fait plaisir. Vous ne sauriez me donner de plus grande marque d'attachement et de zèle qu'en continuant de le prier, comme vous faites, qu'il lui

---

1. *Correspondance de Fénelon*, tome I, p. 131. Jacques-René de Brisay, marquis de Denonville, était un des sous-gouverneurs des princes.

11

plaise me protéger spirituellement surtout, et ne permettre
pas que je m'écarte jamais de son service. Soyez toujours
persuadé, je vous prie, de l'estime et de l'amitié que j'ai
pour vous.

Louis.

XIII.

A la duchesse de Bourgogne [1].

[12 juin 1702.]

..... Nous avons couru l'ennemi pendant plus de deux
lieues [2] ; nous l'avons joint ; nous l'avons bien battu. On
ne manquera pas de vous dire que je me mettois à l'embouchure du canon ; n'en croyez rien. Si j'avois quelque
reproche à faire à nos troupes, ce seroit d'avoir trop craint
pour leur général et trop peu pour elles-mêmes. Il n'y a
eu personne de tué, ni même de blessé, bien près de moi ;
car le cheval du petit la Brosse, qui a eu la jambe cassée
d'une mousquetade, ne peut pas s'appeler une personne.
Les mousquetaires des ennemis nous ont plus inquiétés
que leur canon, dont les boulets nous passoient à cinquante
pieds par-dessus la tête..... Le Roi vous dira les détails.
Nous avons perdu de braves officiers, bien dignes de nos
regrets ; car on ne fait jamais de mal aux autres à la guerre,
qu'on ne s'en fasse à soi-même.....

Louis.

1. Fragments publiés par l'abbé Proyart, *Vie du Dauphin*,
tome II, p. 217. C'est la seule lettre qu'on connaisse du duc de
Bourgogne à la duchesse sa femme.
2. Après le combat livré le 11 sous les murs de Nimègue.

XIV.

Au maréchal Catinat [1].

Au camp de Hassum, le 6 juillet 1702.

Je n'ai pu faire plus tôt réponse à votre lettre, Monsieur, parce que je la reçus la veille du jour que nous marchâmes, et que depuis j'ai été occupé à visiter les environs de mon camp comme vous savez bien qu'il faut faire. Nous vous enverrons incessamment le détachement, qui n'est pas à la vérité si fort que vous le demandiez, mais qui ne sauroit être plus grand tant que nous voulons tenir la campagne en ce pays-ci contre les ennemis. J'aurois souhaité que nous eussions été plus en état de vous aider à faire quelque chose d'avantageux pour le Roi et de glorieux pour vous, pour qui, Monsieur, je vous prie d'être persuadé que j'ai une estime toute particulière.

LOUIS.

1. Publiée, avec un fac-similé, dans les *Mémoires de Catinat*, tome III, p. 165-166. L'auteur de la publication, Le Bouyer de Saint-Gervais, a attribué cette lettre au prince Louis de Bade. — Catinat commandait alors l'armée du Rhin.

XV.

A Madame de Maintenon [1].

Au camp de Baelen, le 26 août 1702.

Vous ne vous êtes certainement pas trompée, Madame, quand vous m'avez dit, par votre lettre du 16, que je verrois que le Roi étoit content de moi par la lettre qu'il m'avoit écrite la veille, et je ne saurois vous dire quelle joie j'en ressens. Vous savez déjà sans doute ce qui m'a empêché de vous faire réponse plus tôt, et ce qui s'est passé ici porte ses excuses lui-même. Je vous puis assurer, Madame, que je ne me ressouviens en aucune façon du repas dont vous me parlez, et que je pourrois même dire qu'il ne s'en est point passé de tel chez moi. Vous savez bien que je n'en goûterois pas le dernier chapitre, et, pour le premier, il y a trop de raisons pour m'empêcher des repas à l'excès, et, quand il n'y auroit que celle que cela déplairoit au Roi, certainement cela ne m'arriveroit point. Je suis ravi, Madame, que vous ayez été assez persuadée de ma sincérité, pour vous adresser à moi dans une affaire où j'aurois eu grand tort, mais que je vous aurois avouée avec la même ingénuité, si elle avoit été véritable. Je vous assure encore, Madame, que je suis très sensible à cette marque d'amitié et de confiance, et qu'elle n'augmente pas peu la véritable amitié que j'ai pour vous.

Louis.

1. Autographe de la Bibliothèque du Louvre ; *Mélanges publiés par la Société des Bibliophiles français*, 1822, p. 59 ; Lavallée, *Correspondance générale de Mme de Maintenon*, tome V, p. 170.

Je viens d'apprendre le combat qui s'est donné en Italie [1], Madame, et je ne doute pas qu'il ne vous cause une grande joie. Vous voulez bien que j'y joigne la mienne, et que je vous prie d'y prendre aussi un peu de part.

XVI.

A Fénelon, archevêque de Cambray [2].

A Malines, le 6 septembre 1702.

Je ne saurois repasser à portée de vous sans vous témoigner le déplaisir que j'ai de ne point user de ma permission, et de ne point vous revoir, ainsi que je l'avois espéré. Cette lettre vous sera rendue par un moyen sûr. Ne chargez point de réponse par écrit celui qui vous la rendra, et, si vous m'en faites, que ce soit par M. de Beauvillier, sans y mettre de dessus. Je vous prie d'être persuadé de la continuation de mon amitié pour vous, qui assurément ne peut être plus vive, et qui a toujours été telle, comme je ne crois pas que vous en doutiez, et de vous ressouvenir incessamment de moi dans vos prières. Peut-être sera-t-il encore mieux que je ne vous voie pas la veille ou le jour même que j'arriverois à Versailles. Cela n'est pas la même chose, quand on doit être quelque temps dehors, et les idées sont plus effacées. Adieu, mon cher archevêque ; il n'est pas besoin de vous recommander le secret sur cette lettre, ni de vous assurer de la tendre amitié que je conserverai en Dieu pour un homme à qui j'ai tant d'obligations qu'à vous.

Louis.

1. La bataille de Luzzara, 15 août 1702.
2. *Correspondance de Fénelon*, tome I, p. 137.

XVII.

A Madame de Maintenon [1].

Au camp de Schleittal, le 14 juin 1703.

Nous attendons ici avec bien de l'impatience, Madame, la réponse du Roi à la lettre que M. le maréchal de Tallard lui écrivit de Strasbourg [2]. Je crois que vous en aurez été contente, et que vous verrez clairement présentement que c'étoit avec raison que j'avois lieu de désirer, l'hiver passé, de venir ici.

Au reste, Madame, j'apprends par la voie publique que notre princesse, comme vous l'appelez, a des commencements d'incommodités de grossesse, sans qu'elle ni personne de ce qui l'approche m'en ait mandé un seul mot [3]. Pour elle, je crois qu'elle m'a oublié : voilà deux ordinaires que je n'ai point reçu de ses lettres, et celle qui me vint il y a huit jours étoit du 31 mai, et la seconde depuis que je suis parti. Vous devriez en vérité lui reprocher un peu cette irrégularité. Pour le cas de la grossesse, je vous supplie, Madame, d'avoir encore plus d'attention à elle pendant mon absence, si elle l'est, que si j'étois auprès d'elle. Elle m'a bien promis de se conserver en ce cas-là ; confirmez-là dans ce dessein, et, quoiqu'elle en connoisse toutes les conséquences, représentez les lui de temps en temps. Je

1. Lavallée, *Correspondance générale de Mme de Maintenon,* tome V, p. 210, d'après les manuscrits des dames de Saint-Cyr.

2. Lettre du 8 juin, proposant au Roi de marcher sur Weissembourg (*Mémoires militaires,* tome III, p. 388-393).

3. Dangeau l'annonce en effet le 8 juin, mais le dément le 14 (tome IX, p. 208 et 213).

sais l'intérêt que vous prenez à tout ce qui me regarde, et qui, en cette occasion regarde aussi le bien de l'État. Ainsi, Madame, j'espère que vous n'oublierez rien de ce qui peut la conserver en cas de grossesse, et la piquer d'honneur dans sa paresse d'écrire. Je vous demande pardon, si, dans ce dernier article, il y a de mon intérêt seul ; mais j'espère aussi que vous voudrez bien me donner cette marque d'amitié, et être persuadée que personne n'en a une plus sincère pour vous.

Louis.

XVIII.

A Madame de Maintenon [1].

Au camp devant Brisach, le 8 septembre 1703.

Je ne vous ai point écrit il y a très longtemps, Madame, craignant de vous incommoder, et que votre civilité ne vous portât à me faire réponse. J'ai appris avec plaisir que les eaux de Forges vous ont fait du bien, et cependant il m'est revenu depuis que vous aviez eu encore quelque accès de fièvre ; il faut espérer que ce sont les derniers efforts d'une ennemie déjà bien affoiblie, et qui dénoteront sa destruction.

Nous avons pris cette place [2] en bien moins de temps que nous ne l'osions espérer d'abord, et, si nous ne conti-

1. Lavallée, *Correspondance générale de Mme de Maintenon*, tome V, p. 221, d'après les manuscrits des dames de Saint-Cyr.

2. Brisach, qui capitula le 6 septembre.

nuons pas, ce sera par faute de moyens et non de volonté. Il me semble cependant qu'on propose au Roi d'assez beaux moyens de continuer heureusement un si bon début, s'il entre absolument dans ce qu'on lui demande pour cela. Vous aurez su que je lui demande mon retour, à condition de revenir, lorsqu'il y aura quelque chose à faire ; mais je ne l'ai demandé qu'en alléguant des raisons solides et en me justifiant par là de celles qu'on y auroit pu trouver de quelque autre côté, peut-être aussi touchant, mais pas si juste en pareille occasion. J'espère que vous entendez ce demi-mot [1] ; mais je n'ose pas traiter ce chapitre plus avant, de peur de vous tenter d'une réponse que je vous supplie de ne point faire en cas qu'elle vous incommode le moins du monde. Soyez persuadée, Madame, que, quoique je ne vous écrive pas souvent, mon amitié pour vous n'en est pas moins sincère.

Louis.

XIX.

A *Fénelon, archevêque de Cambray* [2].

A Fontainebleau, le 28 septembre 1703.

Le côté où j'ai été cette année n'a pas été compatible avec le rendez-vous que je vous avois donné la dernière ; mais je trouve l'occasion favorable de vous écrire ce mot par ma voie ordinaire ; vous me ferez réponse de même, quand il repassera. Ma volonté d'être à Dieu se conserve, et même se fortifie dans le fond ; mais elle est traversée par beaucoup de fautes et de dissipation. Redoublez donc,

1. Le désir de revoir la duchesse de Bourgogne.
2. *Correspondance de Fénelon*, tome I, p. 151.

je vous prie, vos prières pour moi. J'en ai plus de besoin
que jamais, étant toujours aussi foible et aussi misérable ;
je le reconnois tous les jours de plus en plus. Je regarde
cependant cette lumière comme venant de Dieu, qui me
soutient toujours et ne m'abandonne pas absolument,
quoique souvent je ne sente que de la froideur et de la paresse,
qu'il faut tâcher de surmonter moyennant sa grâce. J'ai eu
aussi depuis quelque temps des scrupules, qui quelquefois
m'ont fait de la peine. Voilà à peu près l'état où je suis
présentement. Aidez-moi donc de vos conseils et de vos
prières. Pour vous, vous êtes tous les jours nommément
dans les miennes ; vous croyez bien que ce n'est pas tout
haut. Remerciez Dieu aussi des bons succès dont il nous a
favorisés, et demandez-lui la continuation de sa protection
dans une situation où les affaires en ont un pressant besoin.
Je ne vous dirai rien de ce que je sens à votre égard : je
suis toujours le même, et je désirerois bien que ce ne fût
pas à aller en Flandres ou non qu'il tînt de vous voir ou de
ne vous voir pas. Tout cela sera quand Dieu voudra. Si
l'abbé de Langeron est à Cambray, dites-lui un petit mot
de ma part, en lui recommandant le secret.

Louis.

XX.

Au maréchal de Tallard[1].

[Fontainebleau, 8 octobre 1703.]

Ce courrier, Monsieur le Maréchal, vous annonce deux
nouvelles bien différentes : la première, qu'il vous est permis d'assiéger, c'est-à-dire de prendre Landau ; la seconde,

1. Publiée par l'abbé Proyart, *Vie du Dauphin*, tome I,
p. 164.

que je ne serai pas témoin de vos bonnes et belles opérations [1]. Denonville, à force de crier que je me mettois à
l'embouchure du mousquet et que c'est par miracle que je
suis revenu de l'armée, est venu à bout de le persuader au
Roi et à la Duchesse. Je crois néanmoins n'avoir fait que
mon devoir, et je ne voudrois jamais paroître dans une
armée pour en faire moins. Je suis sûr que vous ne man-
querez pas de me rendre plus de justice à l'occasion. Il ne
me reste qu'à regretter de n'être pas auprès de vous ;
j'entends de corps ; car j'y suis toujours de cœur, et mon
amour-propre essaye de me consoler, en me rappelant que
nous avons concerté ensemble le projet que vous allez exécuter. Vous et M. de Vauban y avez mis plus que moi ;
mais enfin j'ai fourni mon contingent à raison de mon expérience, et cela me flattera toujours quand j'apprendrai la
réussite.

Louis.

XXI.

Au duc de Vendôme [2].

A Fontainebleau, le 10 octobre 1703.

C'est répondre bien tard à votre compliment, Monsieur,
que ce que je fais aujourd'hui ; mais je n'ai reçu votre
lettre qu'il y a trois jours. Vous êtes à présent dans une

1. Dangeau (tome IX, p. 316) annonce le 8 octobre que le
Roi a ordonné au maréchal de Tallard d'assiéger Landau ; mais
il ne fait pas d'allusion au duc de Bourgogne.
2. Bibliothèque nationale, ms. Français 14177, fol. 300 v°,
copie.

assez rude besogne. J'espère et je souhaite que le beau-
père [1] entende raison, sans que vous soyez obligé de lui
parler du gros ton. Il a arrêté tous les courriers, en sorte
qu'on n'a plus aucun ordinaire d'Italie. On dit qu'on va
les faire passer par la Suisse. S'il s'accommode, cette pré-
caution sera inutile. Achevez, Monsieur, de lui montrer
que le meilleur parti qu'il puisse prendre c'est de se fier
entièrement au Roi, qui ne veut qu'être assuré de lui, sans
lui faire aucun mal. Il y a longtemps que je pensois à ce
qui se fait actuellement. Soyez, je vous prie, persuadé,
Monsieur, que personne n'a pour vous plus d'amitié et plus
d'estime que moi.

Louis.

XXII.

A Philippe V, roi d'Espagne [2].

De Trianon, ce 23 juin 1705.

Monsieur mon frère,

Nous avons remercié la Providence, comme nous le
devions, de l'heureuse découverte de la conspiration
tramée contre Votre Majesté et ses plus fidèles serviteurs.
Comment est-il possible qu'il y ait au monde des hommes

1. Le duc de Savoie, père de la duchesse de Bourgogne.
2. Proyart, *Vie du Dauphin*, tome I, p. 280-284. Cette
lettre, dont l'original n'existe pas à Alcala, et que l'abbé Proyart
a donnée d'après les papiers du duc de Bourgogne qui étaient
en la possession de la dauphine Marie-Josèphe de Saxe, n'a
pas la même allure que les lettres intimes et familières qui
font l'objet de la présente publication ; elle semble plus officielle. Peut-être peut-on penser qu'elle n'a pas été envoyée ;

assez mal inspirés pour se livrer à de pareilles atrocités ?
Tant est vrai que ce que vous disoit le Roi, avant votre
départ de France, que vous devez moins mettre votre
confiance dans la justice de votre cause et l'affection générale de vos sujets que dans la protection du ciel, dont ce
trait vous aura paru, comme à nous, une preuve non
équivoque et qui mérite toute votre reconnoissance.

N'oubliez jamais qu'en tous pays les étrangers sont
jalousés. Je ne parle pas de votre personne que l'on a
appelée avec empressement et reçue avec transports et
que l'on aime, mais de ceux qui vous environnent. Faites
tout au monde pour conserver l'affection de la nation.
L'attachement qu'elle vous témoigne mérite un juste retour
de votre part, quand même il y auroit quelques sacrifices
à faire, quelques répugnances à vaincre. Je voudrois donc
en votre place n'employer un François que dans le cas
où je ne trouverois pas un Espagnol qui pût gérer le même
emploi. Soyez toujours bon françois dans le cœur, mais
paroissez encore plus espagnol. Paroissez faire cas de tous
ceux qui vous approchent ; ne vous confiez qu'à peu, et
qu'ils soient gens éprouvés. Ne vous laissez dominer par
personne. Aimez à prendre conseil ; mais décidez vous-
même. Votre situation demande de la fermeté, mais une
fermeté soutenue. C'est en Dieu que vous la trouverez et
nous savons que c'est en lui que vous la cherchez. Votre
respect pour la religion et le soin que vous prenez de la
faire respecter dans vos États, au rapport de M. le duc de
Beauvillier, vous ont merveilleusement affectionné le clergé
et le peuple, et même la bonne noblesse, plus religieuse
chez vous que parmi nous. Il est heureux que vous trou-
viez vos intérêts dans le premier de vos devoirs. Le roi

cependant il serait étonnant que le duc de Bourgogne n'ait pas
félicité son frère de la découverte des conspirations tramées
contre lui en Espagne en 1705 (*Mémoires de Saint-Simon*,
tome XIII, p. 56 et suivantes).

d'Angleterre s'est trouvé dans la nécessité de sacrifier son trône à sa religion, et il n'a point balancé. Pour vous, c'est au contraire par votre religion que vous affermirez le vôtre.

Pour en revenir à votre affaire, suivez-la avec prudence et sang-froid. Que les malintentionnés ne puissent pas trouver même de prétextes de vous accuser d'avoir sacrifié l'innocence à vos soupçons ou aux passions particulières de ceux qui vous sont dévoués. Mais, après que vous aurez fait instruire l'affaire suivant toutes les formes juridiques usitées dans le pays en pareilles circonstances, il faut que les coupables soient punis, de quelque rang qu'ils soient, et laisser agir la justice. La nation, que l'on dit avoir été plus alarmée que vous, applaudira à cette punition, et pourroit ne pas vous savoir gré d'une clémence déplacée. Il faut savoir étonner ces méchants par un coup de vigueur, puisque la bonté n'a pas eu d'empire sur leur cœur ; car il paroît que cette trame a été ourdie par des hommes qui ont eu part à vos bienfaits. Le crime en est plus noir et plus odieux encore et la punition en sera plus applaudie.

Nous attendons les détails que vous ne nous avez pas donnés ; mais vous avez raison de vous occuper à tirer avantage de cette découverte, avant de vous amuser à en tracer les particularités à des gens qui n'y peuvent rien, que par des avis toujours sujets à révision quand on les donne de si loin. Du reste, soyez persuadé qu'il n'est personne au monde sur qui vous puissiez compter plus sûrement dans toutes les circonstances de la vie que sur celui qui sera éternellement

De Votre Majesté

Le bon et affectionné frère.

Louis.

P. S. Monseigneur doit vous écrire lui-même.

XXIII.

A M. Amelot, ambassadeur en Espagne[1].

Versailles, le 30 janvier 1707.

Monsieur Amelot, je suis bien aise d'apprendre par votre lettre que l'heureuse nouvelle de la naissance de mon fils le duc de Bretagne[2] n'a pas donné moins de joie à toute l'Espagne qu'elle en a causé en France. Je suis bien persuadé des sentiments que vous avez eus en cette occasion, connoissant comme je fais toute l'étendue de votre zèle pour ma personne en particulier et pour toute la maison royale. Cela, joint à toutes les qualités qui sont en vous, vous doivent répondre de mon estime et de mon affection.

Je suis, Monsieur Amelot,

Votre bien bon ami,

Louis.

XXIV.

Au duc d'Ayen[3].

Versailles, 13 septembre 1707.

Je n'ai pas été surpris d'être quelque temps sans recevoir de vos lettres : votre maladie, le malheur arrivé devant Barcelone, et votre voyage en Espagne, en ont été

1. Dépôt de la Guerre, vol. 2051, n° 17.
2. Il naquit le 8 janvier, et mourut en 1712 quelques jours après son père et sa mère.
3. *Mémoires de Noailles*, éd. Michaud et Poujoulat, p. 403. Un fragment en a été reproduit par Proyart, *Vie du Dauphin*, tome II, p. 200.

de bonnes excuses. J'ai été bien aise que vous vous soyez
tiré heureusement de la première, fort fâché, comme vous
pouvez bien croire, du succès de la seconde, et fort aise
que ,pour la troisième, vous ayez été utile au roi d'Espagne,
ne doutant pas que vous vous soyez bien acquitté de ce
dont vous étiez chargé. Je crois que le début de ma lettre,
partagé en trois points rabattus et étendus, vous paroîtra
comme l'exorde d'un sermon. Ce n'est point cependant
mon dessein ; mais, me souvenant que j'écris à un savant,
j'ai cru qu'il falloit écrire méthodiquement, et n'oublier
point la rhétorique, que vous possédez sans doute jusqu'à
un point relevé. Il me semble qu'insensiblement je tombe
dans le galimathias, qui voudroit être pompeux, mais qui
ne l'est point pourtant. Ainsi, de peur de m'embarrasser
dans des périodes d'où je ne pourrois peut-être pas sortir
comme je voudrois, je finirai en me réjouissant avec vous
de ce que vous avez fait à Roses, en vous assurant que je
crois que vous ferez toujours tout du mieux qu'il vous
sera possible, vu les troupes que vous avez, et en vous
témoignant la sincère amitié que j'ai pour vous.

Louis.

XXV.

Au duc d'Ayen [1].

A Fontainebleau, 11 octobre 1707.

Vous trouverez peut-être, et avec raison, mon cher
duc, que ma réponse suit de loin la lettre que vous m'avez
écrite, et il faudroit vous en faire des excuses, si l'amitié

---

1. *Mémoires de Noailles*, éd. Michaud et Poujoulat, p. 403.
Un fragment en a été reproduit par l'abbé Proyart, dans sa
Vie du Dauphin, tome I, p. 276.

que j'ai pour vous ne m'exemptoit de ces sortes de compliments. Il faut cependant que je vous remercie des vôtres ; je les ai reçus avec grand plaisir. Il est vrai que j'en aurois eu beaucoup de reconduire M. de Savoie jusque chez lui ; mais il valoit mieux encore qu'il s'en allât au plus vite, comme il a fait[1]. Je ne sais que penser de ce qui se passe à Lérida ; il me paroît qu'on y va bien lentement, qu'on n'a guère d'artillerie ni de munitions, que la saison s'avance, que les ennemis sont assez forts pour inquiéter et traverser ce siège de bien des manières[2] ; enfin je crains qu'on ne fasse un quatrième tome de ce qui s'est déjà passé trois fois devant cette place[3]. Cependant tous ces raisonnements ne peuvent être que défectueux, surtout faits d'aussi loin qu'ils le sont, et il est à croire que les gens qui sont sur les lieux voient les choses telles qu'elles sont. Je souhaitcrois que, Lérida pris, et Turin si on le pouvoit ensuite, on se mît en quartiers en Catalogne, et que vous pussiez vous rendre bientôt à la cour, où j'aurois la satisfaction de vous voir et de vous entretenir sur tout ce qui regarde cette guerre, qui, je crois, est assez difficile.

Louis.

1. Le duc de Savoie avait envahi la Provence et s'était avancé jusqu'à Toulon. Louis XIV avait décidé que les princes ses petits-fils iraient se mettre à la tête de l'armée que menait contre l'envahisseur le maréchal de Tessé, lorsqu'on apprit que Victor-Amédée s'était retiré vers le Piémont.

2. Le duc d'Orléans assiégeait Lérida depuis le 10 septembre, et on n'avait pas de nouvelles que la tranchée fût encore ouverte.

3. Lérida avait été assiégé vainement par les Français en 1644, 1646 et 1647, la dernière fois, par le Grand Condé.

XXVI.

A Fénelon, archevêque de Cambray [1].

[Avant décembre 1707.]

...Tous les jours, et plusieurs fois chaque jour, et souvent des heures entières à chaque fois, j'entends des gens qui déraisonnent, qui parlent de guerre sans expérience, de finances sans vues, d'histoire sans critique, de tout sans principes. Je mets quelquefois sur les voies du vrai, mais sans mettre entièrement l'ignorance à découvert, pensant bien que l'humiliation, venant de ma part, seroit trop cruelle. Je me contente de combattre de front les propos dangereux, ou que je crois tels. J'ai bien quelquefois à me reprocher la complaisance et la foiblesse à cet égard. Et cependant je vois qu'on me fait, sur ce chapitre, une réputation d'austérité que n'a pas le Roi, quoique certainement il la mérite mieux que moi. Si nous ne soutenons pas les vrais principes quand on les attaque en notre présence, qui osera le faire ? A moins que ce ne soit mon vieux valet de chambre [2] ; car je suis, selon lui, de la morale la plus commode, pour ne pas dire la plus relâchée. Le bonhomme, quand j'ai le temps de l'écouter, me dit tout ce qu'il pense. Je sais tout ce qu'il feroit s'il étoit roi. Un certain archevêque, par exemple, seroit bientôt dans son diocèse, et un autre n'auroit jamais eu de diocèse.....

Louis.

1. Fragment publié par Proyart, *Vie du Dauphin*, tome II, p. 195. Cette lettre n'a pas été insérée dans la *Correspondance de Fénelon.*

2. Denis Moreau, qui mourut le 7 décembre 1707, et dont Saint-Simon (*Mémoires*, éd. Boislisle, tome XV, p. 321-322) a fait un portrait assez conforme à ce qui va suivre.

12

XXVII.

A Fénelon, archevêque de Cambray [1].

A Senlis, 15 mai 1708.

Je suis ravi, mon cher archevêque, que la campagne que je vais faire en Flandres me donne lieu de vous embrasser et de vous renouveler moi-même les assurances de la tendre amitié que je conserverai pour vous toute ma vie. S'il m'avoit été possible, je me serois fait un plaisir d'aller coucher chez vous ; mais vous savez qu'il y a des raisons qui m'obligent à garder des mesures, et je crois que vous ne vous en formaliserez point. Je serai demain à Cambray sur les neuf heures ; j'y mangerai un morceau à la poste, et je monterai ensuite à cheval pour me rendre à Valenciennes. J'espère vous y voir, et vous y entretenir sur diverses choses [2]. Si je ne vous donne pas souvent de mes nouvelles, vous croyez bien que ce n'est pas manque d'amitié et de reconnoissance ; elle est assurément telle qu'elle doit être.

Louis.

1. *Correspondance de Fénelon*, tome I, p. 213
2. Saint-Simon (*Mémoires*, édition Boislisle, tome XVI, p. 130-131) a raconté cette entrevue, où « le feu des regards du prince lancés dans les yeux de l'archevêque suppléèrent à tout ce que le Roi avoit interdit et eurent une éloquence qui enleva tous les spectateurs. »

XXVIII.

A Fénelon, archevêque de Cambray [1].

A Valenciennes, le 21 mai 1708.

Votre lettre m'a été rendue en particulier, mon cher
archevêque, et je vous envoie la réponse par la même voie.
C'est là meilleure dont vous puissiez user, lorsque vous le
jugerez à propos. L'électeur de Cologne [2] a fait savoir à
M. de Vendôme qu'il désiroit me voir, et, à cause des
inconvénients du cérémonial, et que je ne lui pourrois pas
donner autant qu'il prétendroit, il a été convenu que je ne
le verrois qu'à cheval, et je crois que ce sera le jour de la
revue de l'armée ; ainsi faites-lui la réponse que vous avez
projetée. Je sais que ce prince a plus de mérite qu'on ne
lui en croit ; je le connois par moi-même.

Je suis charmé des avis que vous me donnez dans la
seconde partie de votre lettre, et je vous conjure de les
renouveler toutes les fois qu'il vous plaira. Il me paroît,
Dieu merci, que j'ai une partie des sentiments que vous
m'y inspirez, et que, me faisant connoître ceux qui me
manquent, Dieu me donnera la force de tout accomplir et
d'user des remèdes que vous me prescrivez. Il paroît que,
pour ne guère nous voir, vous ne me connoissez pas mal
encore.

Quant à l'article qui regarde les Jansénistes, j'espère, par
la grâce de Dieu, non pas telle qu'ils l'entendent, mais telle
que la connoît l'Église catholique, que je ne tomberai
jamais dans les pièges qu'ils voudront me dresser. Je con-

1. *Correspondance de Fénelon*, tome I, p. 214.
2. Joseph-Clément de Bavière.

nois le fond de leur doctrine, et je sais qu'elle est plus calviniste que catholique. Je sais qu'ils écrivént avec esprit et justesse ; je sais qu'ils font profession d'une morale sévère, et qu'ils attaquent fortement la relâchée ; mais je sais en même temps qu'ils ne la pratiquent pas toujours. Vous en connoissez les exemples, qui ne sont que trop fréquents. J'aurai une attention très particulière à ce qui regarde les églises et les maisons des pasteurs; c'est un point essentiel, et je garderai sur ces points une exacte sévérité. Continuez vos prières, je vous en supplie ; j'en ai plus besoin que jamais. Unissez-les aux miennes, ou plutôt je les unirai aux vôtres ; car je sais qu'en pareil cas l'évêque est au-dessus du prince.

Vous faites très sagement de ne pas venir ici, et vous pouvez en juger par ce que je n'ai point été coucher à Cambray. J'y aurois été assurément sans les raisons décisives qui m'en ont empêché. Sans cela, j'aurois été ravi de vous voir ici pendant le séjour que j'y fais, et de vous y entretenir sur beaucoup de matières, où vous auriez été plus capable que personne de m'éclaircir et de me donner conseil. Vous savez l'amitié que j'ai toujours eue pour vous, et que je vous ai rendu justice au milieu de tout ce dont on vous accusoit injustement. Soyez persuadé que rien ne sera capable de la diminuer et qu'elle durera autant que ma vie.

Louis.

XXIX.

Au duc de Vendôme [1].

A Valenciennes, le 23 mai 1708.

J'ai ce matin entretenu votre trompette, Monsieur; il me paroît qu'il entend bien son fait. Il m'a rendu bon compte

---

1. En copie dans le manuscrit Français 14178, fol. 213.

de ce qu'il a vu. Si les ennemis nous attendoient au lieu où ils sont, je crois que nous les pourrions voir de près avant qu'il fût longtemps. J'ai fait quelques changements aux officiers généraux dans l'ordre de bataille : j'ai mis le comte d'Estrades à la réserve et Puyguyon seul à celle de la gauche ; je n'ai point donné de premier poste à Biron, et ça a été de ce que je vous ai dit, et je l'en avertirai afin qu'il ne s'en formalise pas. J'ai bien de l'impatience d'être près des ennemis, pour voir si nous ne pourrions pas leur donner du fil à retordre, et je crois que vous n'en avez pas moins que moi. Soyez persuadé, Monsieur, qu'il n'y a rien à ajouter à l'estime et à l'amitié que j'ai pour vous.

Louis.

XXX.

A *Madame de Maintenon* [1].

Au camp de Braîne-l'Alleu, le 10 juin 1708.

Il ne faut pas pousser plus loin, Madame, un silence que je me reproche il y a déjà quelque temps, et je ne puis me servir pour cela d'une meilleure occasion que celle du départ du marquis de Courcillon [2]. J'ai cru que je ne pouvois mieux répondre à la demande que m'en a fait Madame sa mère qu'en l'envoyant au plus tôt lui-même, pour finir une affaire qui doit être aussi agréable à toute la famille, et que,

1. Autographe de la bibliothèque du Louvre ; publiée dans les *Mélanges de la Société des Bibliophiles français*, 1822, tome II, p. 62.
2. Philippe-Égon de Courcillon, fils de Dangeau, qui quittait l'armée pour venir épouser le 17 juin Melle de Pompadour.

dans le cours de la campagne, on ne pouvoit choisir de temps plus tranquille que celui-ci et où il y eût moins d'apparence de quelque action. J'écris au Roi qu'on n'a jamais vu de plus belle armée, ni mieux rétablie que celle qu'il a ici, et que sa volonté surpasse encore sa beauté. Je vous supplie de me faire savoir, Madame, s'il est content de moi, et si, jusqu'ici, je n'ai rien fait qui lui ait déplu. Quoi qu'il en soit, je puis vous assurer que je n'ai jamais eu et n'aurai, s'il plaît à Dieu, que son service en vue, et que je lui ai dit la vérité.

Je ne vous parle point de notre duchesse de Bourgogne. Je suis étonné de sa régularité à m'écrire, et rien ne me fait mieux connoître l'amitié que vous m'avez toujours dit qu'elle a pour moi et dont je ne suis pas en doute. Il n'est, je crois, pas besoin que je vous la recommande, et vous en faites là-dessus plus que je ne puis vous en demander. Il ne me paroît pas jusqu'ici qu'elle se dissipe autant que par le passé; mais, si cela étoit, Madame, je vous conjure de lui dire que je vous ai écrit pour la retenir ; car, quoiqu'elle soit d'une grande exactitude à ses devoirs, je n'y sache rien de plus contraire que la dissipation. Faites-là aussi, je vous prie, songer à sa santé, de ma part ; car vous savez qu'elle n'y pense pas toujours en tout ce qu'elle fait. En un mot, je vous conjure, Madame, de ne la point perdre de vue, de me rendre auprès du Roi les bons offices que vous pourrez m'y rendre, et de me conserver toujours l'honneur de votre amitié, et d'être persuadée que la mienne pour vous ne peut être plus sincère.

Louis.

XXXI.

A Madame de Maintenon [1].

Au camp de Braîne-l'Alleu, le 18 juin 1708.

Je ne saurois vous exprimer, Madame, le plaisir que m'a
fait ce que vous me mandez que le Roi est content de moi,
et des sentiments qu'il a pour moi. Je tâcherai de les mériter toute ma vie, et de réparer tout ce que j'ai pu faire
qui lui ait déplu. Ce qu'il me manque sur la régularité de
la discipline sera exécuté sans acception de personnes, et
je ne me rendrai jamais qu'à de véritables et solides raisons. Je travaille ici sur bien des articles où le relâchement
étoit grand ; cependant je mentirois, si je disois que c'est
du mieux que je puis ; car je trouve que je pourrois beaucoup mieux faire. Oserois-je vous prier de bien faire prier
Dieu à Saint-Cyr, afin qu'il m'éclaire sur mes devoirs et
me donne la force de les accomplir.

Je suis charmé de tout ce que vous me dites de Mme
la duchesse de Bourgogne ; il suffit que vous en soyez con
tente pour me mettre l'esprit en repos. Je profiterai à mon
retour des avis que vous me donnez pour perfectionner
une union qui est déjà bien avancée. Je ne suis point étonné
de ce que vous m'écrivez du maréchal de Villars [2] ; cependant je ne sais si l'on ne prend point l'alarme un peu chaude
à Paris ; car, par une lettre que j'ai vue d'un officier qui

1. Autographe de la bibliothèque du Louvre ; publiée dans
le même recueil que la précédente, p. 65.
2. Il allait partir pour commander l'armée d'Italie.

sert en ce pays-là, il ne paroît pas que les forces de M. le
duc de Savoie soient bien considérables.

Continuez-moi toujours votre amitié, Madame, et ne
croyez pas, je vous prie, que je plaigne comme un temps
perdu celui que je passe à vous écrire. On ne le pense pas
ainsi à l'égard des personnes pour qui on en a une aussi
véritable que j'ai pour vous.

Louis.

XXXII.

A un inconnu [1].

[8 juillet 1708.]

..... Vous savez que nous sommes maîtres de Gand et de
Bruges [2]. La Providence a conduit visiblement cette affaire.
..... Le général des alliés n'a pas jugé à propos de nous
attendre; mais nous l'avons joint et battu autant qu'il pouvoit l'être. J'ai bien des grâces à rendre à Dieu d'être si bien
sorti de cette singulière action, malgré mon peu d'expérience...

1. Fragment donné par Proyart, tome II, p. 259.
2. Gand avait été pris le 5 juillet, et Bruges le 7.

XXXIII.

A Madame de Maintenon [1].

[Sans date ; probablement du commencement de juillet 1708.]

..... Je ne saurois exprimer à quel point je suis satisfait
d'apprendre que le Roi soit toujours content de moi. Cela
doit bien m'encourager à continuer, et à faire mieux encore,
s'il est possible..... Je ne désire rien tant que cette union
de confiance dont vous me flattez. Il est certain que le Roi
ne peut avoir de sujet plus soumis, ni d'enfant plus tendrement attaché que moi, et qu'en tout et partout, quand il
voudra savoir la vérité, et que j'en serai véritablement instruit, je ne la lui déguiserai point. Je serai ravi de pouvoir
mériter son estime et son amitié, et de lui être bon à quelque
chose.....

XXXIV.

Au maréchal de Berwick [2].

Au camp de Lowendeghem, le 23 juillet 1708, à quatre heures.

Je viens de recevoir votre lettre d'hier matin, Monsieur,
et j'ai envoyé quérir sur-le-champ le comte de Bergeyck.
Il m'avoit déjà donné avis du départ du convoi ; mais il
assure qu'il n'y a point de grosse artillerie, et on dit qu'il

1. Fragment donné par Proyart, tome II, p. 179-180.
2. Autographe vendu chez Étienne Charavay, le 14 avril 1893,
n° 19 du catalogue ; fragment dans Proyart, tome II, p. 201.

faudroit un temps infini aux ennemis pour charger sur des chariots celle qui seroit nécessaire pour faire un siège tel que celui de Lille. Notre situation et le chemin que tiennent les ennemis par Renaix ne nous permettent guère de songer à les attaquer sans hasarder de séparer l'armée et que ce qu'on y enverroit fût obligé ensuite de reprendre le chemin de Tournay. Mais le duc de Vendôme, avec qui j'en ai raisonné, écrit que, pour embarrasser davantage les ennemis et les inquiéter pour les convois qui viendront dorénavant, vous devriez vous poster sur la Scarpe près de Mortagne, en donner avis à Cheyladet, qui doit être aujourd'hui à Nieuport, et laisser du côté de l'Artois tel corps de cavalerie qu'il vous plairoit. Pour moi, je crois toujours que les entreprises sur nos places seront bien difficiles aux ennemis, et que leur idée présente est de nous tirer d'ici pour retomber sur Gand.

Louis.

XXXV.

Au maréchal de Berwick[1].

[24 juillet 1708.]

J'ai reçu hier au soir le duplicata de votre lettre d'avant-hier. Nous avons su, depuis celle que je vous écrivis hier, que le convoi qui vient aux ennemis n'est que de farines ; mais des nouvelles sûres disent qu'ils embarquent du gros canon à Anvers pour envoyer par eau à Bruxelles. Si vous vous placez à Mortagne, vous serez à portée, non seulement de les inquiéter, mais même de leur nuire, quand il

---

1. Fragment donné par Proyart, tome II, p. 202.

sera question de transporter par terre tout ce qu'il faudroit pour faire un siège. Pour nous, nous sommes bien éloignés ; nous y ferons cependant du mieux qu'il nous sera possible. Nous ne devons pas hasarder de séparer le corps d'infanterie qui est ici, ni même notre cavalerie, dont nous pourrons avoir besoin, s'il falloit en sortir.....

XXXVI.

Au maréchal de Berwick[1].

[Juillet 1708.]

J'ai reçu ce matin, Monsieur, votre lettre et son duplicata. Il me paroît, comme à M. de Vendôme, que nous ne sommes pas en état d'exécuter ce que vous proposez, et que nous devons nous contenter de défendre Gand et l'Artois, chacun de notre côté, pour faire perdre aux ennemis le fruit de leurs avantages. Je ne désespère pas que, d'ici à la fin de la campagne, il ne se présente quelque occasion d'en reprendre sur eux à notre tour.....

XXXVII.

A un inconnu[2].

[Juillet 1708.]

..... Il est certain que, dans le temps de l'action, la foule est dangereuse, et qu'il faudroit que nous fussions

1. Fragment donné par Proyart, tome II, p. 201.
2. Fragment donné par Proyart, tome I, p. 192.

séparés, M. le chevalier de Saint-Georges, mon frère et moi, s'il s'en passoit encore une. Nous ne le fûmes point dans la dernière.....

XXXVIII.

Au maréchal de Berwick [1].

[4 août 1708.]

J'ai reçu hier vos deux lettres du 1er et du 2e de ce mois. Je vois dans la première que les ennemis n'ont pas réussi dans leur entreprise sur la Picardie, et, dans la seconde, que M. de Tilly a remarché vers leur grande armée. Nous raisonnâmes hier au soir sur le parti que vous nous proposez. Il est certain qu'il seroit excellent de pouvoir se placer de telle manière que, ayant les rivières devant nous, nous séparassions les ennemis et empêchassions le grand convoi de les joindre ; mais la difficulté seroit de se porter assez à temps où vous proposez. Vous ne pouvez y aller de Douay qu'en deux marches tout au plus. Nous ne saurions quasi y aller qu'en deux non plus, ayant nos troupes très séparées, au lieu que les ennemis n'ont qu'une marche à faire pour se porter sur l'Escaut ; et, s'ils faisoient ce mouvement, quand nous ferions le nôtre, nous nous trouverions assez embarrassés. D'ailleurs, de la hauteur d'Audenarde jusqu'à la Rône, il y a trois lieues. Ajoutez à cela que si, lorsque nous aurions passé l'Escaut, les ennemis, forçant une marche, alloient droit à Bruges, je ne sais si le comte de la Mothe pourroit les empêcher de s'en rendre maîtres, auquel cas Gand ne

1. Proyart, tome II, p. 203.

pourroit se soutenir. Mais ce n'est pas là la plus grande difficulté ; celle de faire un mouvement chacun de dix lieues au moins, tandis que les ennemis n'en ont que quatre ou cinq à faire, me paroît plus grande. Nos bons avis ne marquent point encore quand le convoi doit partir de Bruxelles, et au contraire ils disent que tout n'est pas encore déchargé des bateaux. J'ajouterai encore à ce que je viens de vous dire, qu'il y a apparence que la grande armée ennemie fera un mouvement vers l'Escaut, dès que le corps du comte de Tilly l'aura rejointe, et qu'ainsi nous ne serions plus à temps de faire le nôtre.

J'ai reçu, pendant qu'on chiffroit cette lettre, votre dernière du 2 au soir. Il me paroît que les précautions que vous prenez sont très nécessaires. Vous savez déjà qu'hier au soir le comte de Tilly avoit rejoint la grande armée, qui étoit sur le point de marcher, et vous saurez aussi leur mouvement plus tôt que nous. Je crois qu'avant peu de jours nous serons éclaircis de leurs desseins.

Louis.

XXXIX.

A *Madame de Maintenon*[1].

Aü camp de Lovendeghem, le 17 août 1708.

Je ne saurois assez vous exprimer, Madame, combien je suis sensible à tout ce que le Roi pense sur mon chapitre ; il me fait peut-être plus d'honneur que je ne mérite ; mais il est constant qu'il ne sauroit se servir de personne

---

1. Autographe du Louvre ; *Mélanges publiés par la Société des bibliophiles français*, 1822, tome II, p. 68.

qui lui soit plus attaché par devoir et par le cœur en même temps.

Il n'est pas bien difficile de justifier près de moi Mme la duchesse de Bourgogne sur des choses auxquelles je n'ajoute pas une foi entière, et je ne suis que trop porté à lui être favorable en tout; mais l'amitié dont elle m'a donné ici de sensibles marques, m'avoit fait appréhender qu'elle n'eût été peut-être un peu trop loin dans quelques discours. Je lui ai bien dit déjà plusieurs fois que j'étois très content de ce qu'elle m'avoit répondu là-dessus, et que ma crainte présente étoit de la voir un peu peinée par ce que je lui en avois écrit. Je vous prie de lui dire encore, Madame, et de lui marquer combien je suis charmé de son amitié et de sa confiance. Je me flatte que je les mérite, et je tâcherai de plus en plus de mériter son estime. Ce n'est pas d'aujourd'hui que je sais qu'il y a à la cour des gens qui ne l'aiment pas et qui voient avec peine l'amitié que le Roi lui témoigne; je crois même ne pas absolument ignorer leurs noms. Ce sera à vous, Madame, quand je vous verrai, de pouvoir m'en éclaircir plus particulièrement, pour prendre les précautions nécessaires, afin que Mme la duchesse de Bourgogne ne tombe point dans de certains panneaux infiniment dangereux et que je vous ai souvent vu appréhender. Pour la tracasserie, ce seroit bien injustement qu'on l'en accuseroit; elle la méprise souverainement, et son esprit est bien éloigné de ce qu'on appelle esprit de femme. Elle a assurément un esprit solide, beaucoup de bon sens, le cœur excellent et très noble; mais vous la connoissez mieux que moi, et ce portrait est inutile; peut-être même que le plaisir que j'ai à parler d'elle m'empêche de m'apercevoir que je le fais trop souvent et trop longtemps.

LOUIS.

XL.

A Madame de Maintenon[1].

Au camp de Lovendeghem, le 21 août 1708.

Il est certain, Madame, que l'état où l'on est présentement est un état violent, et qu'il n'y a que Dieu qui sache
par où tout ceci finira; mais il faut tout espérer de sa
protection. Je suis charmé de la manière dont Mme la
duchesse de Bourgogne a recours à lui, et j'espère que
peu à peu elle deviendra comme nous le souhaitons bien
ardemment.

Le courrier que j'envoie aujourd'hui au Roi lui portera
notre projet[2]; il n'est pas tout à fait conforme à nos derniers entretiens; mais je le crois tel que le bien de son
service peut le demander. Il est vrai, Madame, que tout
le monde n'est pas dans une égale volonté; mais il ne
faut pas croire aussi que tous manquent de courage, comme
il y a apparence que l'on est à la cour. Le concert entre
M. de Vendôme et moi me paroît établi. Nous prendrons
toutes les mesures les plus convenables à la situation présente, et le Roi sera exactement instruit de tout. Il est
certain que, quelque envie que nous ayons de donner du
secours à Lille, nous pourrions trouver les choses dans une
telle situation que ce seroit tout perdre que de hasarder
un combat que nous perdrions sans hésiter. En ce cas, je
ne crois pas que ce soit l'intention du Roi de tenter la

1. Autographe du Louvre; publiée dans le même recueil
que la précédente, p. 71.
2. Lettre publiée dans les *Mémoires militaires*, tome VIII,
p. 71.

bataille ; mais nous ne nous désisterons absolument qu'après l'avoir informé de tout ce que nous aurions trouvé, et reçu de nouveaux ordres. Ma lettre est bien courte, Madame ; mais vous ne vous en formaliserez pas, et vous savez qu'il y a des temps où l'on n'est guère à soi.

LOUIS.

XLI.

Au maréchal de Berwick [1].

[Août 1708.]

J'ai lu avec plaisir le projet que vous m'avez envoyé..... Si nous avions toutes choses prêtes, il nous seroit peut-être aussi avantageux que de tenter le secours de la place [2] ; mais, avant que nous eussions rassemblé à Namur ce qu'il nous faudroit pour cette entreprise, celle des ennemis seroit avancée, et, quand, par les postes que nous prendrions, nous leur empêcherions le débouché de l'Escaut, ils pourroient envoyer un corps du côté de France, qui, entrant en Picardie, pousseroit la contribution et feroit qu'on nous rappelleroit bientôt pour garder la frontière ; mais, quand ils ne le feroient pas, de crainte de se séparer et qu'on ne se rassemblât plus tôt qu'eux, vous savez que les intentions du Roi sont précises sur ce qui regarde le secours de la place, et je crois qu'il faut nous y conformer, en songeant au plus tôt à rassembler toutes nos forces assez dispersées.

LOUIS.

1. Proyart, tome II, p. 205.
2. Lille, assiégée par le prince Eugène.

XLII.

Au maréchal de Berwick [1].

[Août 1708.]

Je viens de recevoir la lettre que vous m'écrivîtes hier.
J'y vois les mesures que vous prenez, conformément à ce
que je vous ai écrit, pour faire jonction, quand il en sera
temps [2]. J'ai appréhendé cependant que, le dépôt des ennemis n'étant point fait absolument devant Lille, il ne fût dangereux de dégarnir Ypres si tôt. Vous verrez, par la lettre
que M. de Vendôme écrivit hier à M. de Bernières, quelques
changements à ce que je vous ai mandé, mais qui ne sont
pas d'une grande conséquence; le fond de l'affaire est toujours le même. Pour ce qui regarde le projet que vous
avez proposé, le Roi n'en est pas d'avis, ainsi que vous le
verrez par une lettre qu'il m'écrit et dont il vous a envoyé
la copie. La circonvallation des ennemis autour de Lille
est telle que le maréchal de Boufflers me l'avoit dépeinte.

Louis.

1. Proyart, tome II, p. 206.
2. La jonction de l'armée de Berwick à celle du prince eut
lieu le 30 août.

XLIII.

A *Madame de Maintenon* [1].

Au camp de Bersée, le 15 septembre 1708.

J'ai reçu cette après-dîner, Madame, votre lettre d'hier avec le mémoire qui y étoit joint. Il y a certainement beaucoup de bonnes choses et dont on peut et doit profiter. Quand j'en aurai le temps, ce que j'espère être dans peu, j'y répondrai article par article, soumettant toujours mes pensées à celles de plus habiles gens que moi. Je ne croyois point avoir besoin de justification sur la conduite que j'ai tenu dans tous ces temps-ci ; mais, Madame, je me remets absolument à tout ce que M. Chamillart dira au Roi à son retour, et moi-même serai le premier à me condamner dans les choses qui le mériteront, et à tâcher de les réparer. La gloire de Dieu et le bien de l'État, voilà les seules que je dois avoir en vue, et j'en demande tous les jours à Dieu la grâce.

Louis.

1. Autographe du Louvre ; *Mélanges de la Société des Bibliophiles français*, p. 74.

XLIV.

A Madame de Maintenon [1].

Au camp du Saussois, le 18 septembre 1708.

Je joins à cette lettre, Madame, une réponse au mémoire
que vous m'avez envoyé. Je vous avois déjà mandé qu'il y
avoit plusieurs choses dont on pouvoit faire usage, et vous
voyez que nous en exécutons présentement une partie. Il est
vrai que nous n'avons pas attendu la prise de Lille ; mais
notre situation la pourroit fort bien empêcher, et soit que
les ennemis la prennent, soit qu'ils ne la prennent pas, il
faudra tôt ou tard que leur armée sorte d'où elle est, et elle
trouvera toujours les mêmes difficultés. D'ailleurs nous
travaillons derrière nous, et j'espère qu'avec l'aide de Dieu
nous réussirons dans notre dessein. Personne ne mérite
plus que moi votre amitié, Madame, par la tendresse et la
sincérité de celle que j'ai pour vous.

Louis.

Réponse au mémoire.

Il n'est pas question de répondre à tout le commencement du mémoire : la situation vis-à-vis des retranchements
des ennemis n'auroit, je crois, pas produit tout l'effet qu'on

1. Autographe du Louvre ; *Mélanges de la Société des Bibliophiles français*, p. 76.

en paroît attendre. L'armée du Roi auroit souffert par les fourrages autant que les ennemis. Les corps sous Ypres et Tournay n'auroient pas empêché absolument le passage des convois, et les ennemis auroient toujours pu les couvrir par une plus grande quantité de troupes. Leurs retranchements leur auroient donné la facilité de les détacher. La situation que l'armée du Roi vient de prendre coupe bien plus sûrement aux ennemis la communication avec le Brabant.

Il est vrai que l'on auroit pu prendre le poste devant la Basse-Marque ; mais l'on n'y pourroit faire subsister la cavalerie, tout ce pays ayant été mangé. Vingt-sept escadrons à Douay, Béthune et Arras embarrasseront les ennemis pour tirer les fourrages de l'Artois.

La dernière partie du mémoire est précisément ce que l'on suit présentement. L'armée est étendue depuis Audenarde jusqu'à Tournay. On pourra pousser encore jusqu'à Gand, s'il est nécessaire. L'Escaut est un retranchement naturel, et l'armée se peut remuer avec aisance derrière, sans craindre que l'ennemi puisse profiter de ses mouvements et détachements.

L'Artois est garni comme je viens de le dire. Le grand canal de Bruges à Gand est plus aisé à défendre que celui qui va à Damme, où les ennemis auront toujours le passage. On peut inonder le fossé entre Bruges et Nieuport, en sorte que par là les ennemis n'auroient point de sortie, et, quand même ils en auroient une, je les trouverois réduits à une extrémité dont une armée qui les suivroit pourroit profiter.

Nous pouvons par Gand prendre le devant des ennemis par derrière le canal, ou du moins leur disputer le passage du canal du Sas[1], qui leur est nécessaire pour retourner en Brabant et en Allemagne.

---

1. Le Sas de Gand, village à la tête des écluses.

XLV.

A Fénelon, archevêque de Cambray [1].

Au camp du Saussois, le 20 septembre 1708.

J'ai reçu depuis quelque temps deux de vos lettres, mon cher archevêque ; vous comprenez aisément que je n'ai pas trop eu le temps de répondre à la première, et, pour la seconde, elle ne m'a été rendue qu'hier. Il n'a point été question de parler sur mon retour ; mais vous pouvez être persuadé que je suis et que j'ai toujours été dans les mêmes sentiments que vous sur ce chapitre, et, qu'à moins d'un ordre supérieur et réitéré, je compte, quoi qu'il arrive, de finir la campagne et d'être à la tête de l'armée tant qu'elle sera assemblée. J'en viens à la seconde. Il est vrai que j'ai essuyé une épreuve depuis quinze jours, et je me trouve bien loin de l'avoir reçue comme je le devois, me laissant et emporter aux prospérités et abattre dans les adversités, et me laissant aussi aller à un serrement de cœur et aux noirceurs causées par les contradictions et les peines de l'incertitude et de la crainte de faire quelque chose mal à propos dans une affaire d'une conséquence aussi extrême pour l'État. Je me trouvois avec l'ordre du Roi réitéré d'attaquer les ennemis, M. de Vendôme pressant de le faire, et, de l'autre côté, le maréchal de Berwick et tous les anciens officiers, avec la plus grande partie de l'armée, disant qu'il étoit impossible d'y réussir et que l'armée s'y perdroit. Le Roi me réitéra son ordre, après une première représentation à laquelle je me crus obligé.

M. Chamillart arriva le soir et me confirma la même chose. Je voyois les funestes suites de la perte d'une bataille,

1. *Correspondance de Fénelon*, tome I, p. 232.

sans pouvoir presque espérer de la gagner, et que le mieux qui pouvoit nous arriver étoit de nous retirer après une attaque infructueuse. Voilà l'état où j'ai été pendant huit ou neuf jours, jusqu'à ce qu'enfin le Roi, informé de l'état des choses, n'a plus ordonné l'attaque et m'a remis à prendre mon parti. Sur ce que vous dites de mon indécision, il est vrai que je me le reproche à moi-même, et que, quelquefois paresse ou négligence, d'autres, mauvaise honte ou respect humain, ou timidité, m'empêchent de prendre des partis et de trancher net dans des choses importantes. Vous voyez que je vous parle avec sincérité, et je demande tous les jours à Dieu de me donner, avec la sagesse et la prudence, la force et le courage pour exécuter ce que je croirai de mon devoir. Je n'avois point cette puissance décisive quand je suis entré en campagne, et le Roi m'avoit dit que, quand les avis seroient différents, de me rendre à celui de M. de Vendôme, lorsqu'il y persisteroit. Je la demandai après l'affaire d'Audenarde ; elle me fut accordée, et peut-être ne m'en suis-je pas servi autant que je le devois. Pour toutes les louanges que vous me donnez, si elles ne me venoient d'un homme comme vous, je les prendrois pour des flatteries ; car, en vérité, je ne les mérite guère, et le monde se trompe dans ce qu'il pense sur mon sujet. Mais il faut, avec la grâce de Dieu, mériter ce que l'on en croit, du moins en approcher. Vous savez mon amitié pour vous ; elle ne finira qu'avec ma vie. Je me sers de cette occasion pour vous demander si vous ne croyez pas qu'il soit absolument mal de loger dans une abbaye de filles ; c'est le cas où je me trouve. Les religieuses sont pourtant séparées ; mais j'occupe une partie de leurs logements ; et, s'il étoit nécessaire, je quitterois la maison, quoi que l'on pût dire. Dites-moi, je vous en prie votre sentiment, d'autant plus que je suis présentement dans votre diocèse.

LOUIS.

XLVI.

Au maréchal de Boufflers [1].

Le 30 septembre 1708 à huit heures du soir.

Je vous envoie une lettre du Roi que j'ai reçue à midi. Il me paroît par vos dernières que vous n'êtes pas aussi pressé que le Roi pense. Je crois que, s'il les avoit reçues avant celle-ci que je vous envoie, il ne vous donneroit pas des ordres si positifs de ne pas prolonger la défense de la ville. Je lui écrirai demain une longue lettre [2], sur laquelle j'aurai sa réponse dans deux ou trois jours ; je pense qu'il est à propos que vous l'attendiez avant de prendre aucune résolution. J'informe le Roi de ce que je vous écris ; il me paroît, dans les circonstances présentes, si important à son service de prolonger le siège de la ville, quand vous seriez même obligés de faire un moindre feu, que je ne doute point qu'il n'entre dans les raisons que je lui manderai. Les ennemis sont fatigués ; on ne parle dans leur armée que de la levée du siège. Il vous est entré un petit secours qui leur donnera à penser ; leurs convois trouvent des obstacles ; il leur a passé quelque chose du côté d'Ostende ; mais un trompette qui revient de leur armée assure qu'il n'y a que deux cent cinquante chariots très médiocrement chargés, et qu'il les a tous vu arriver. Il est très sûr qu'ils n'auront rien qu'avec bien de la peine ; Menin étoit épuisé. Voilà l'état des choses ; à quoi je joindrai qu'un homme qui a toujours servi dans leur artillerie, et de quelque distinction parmi eux, s'est proposé de mettre

---

1. Vol. Guerre 2083, n° 174.
2. C'est celle qui a été publiée dans notre tome Ier, p. 342.

le feu aux poudres des ennemis pour mériter des grâces du Roi, et est parti ce soir pour exécuter son dessein dans quatre ou cinq jours, s'il ne le peut plus tôt.

Par toutes ces raisons, je crois pouvoir prendre sur moi de vous dire de garder moins de poudre pour la citadelle qu'on ne vous marque, pour prolonger le siège de la ville, sept ou huit jours de plus pouvant dans une saison aussi avancée déterminer les ennemis à se retirer, et je crains qu'on ne trouvât plus d'obstacles au secours de la citadelle qu'on n'imagine. Il faut néanmoins sur cela s'en remettre à votre zèle et à votre expérience dont vous donnez des marques si éclatantes.

Louis.

XLVII.

A Fénelon, archevêque de Cambray[1].

Du camp du Saussois, 3 octobre 1708.

Je n'ai pu répondre plus tôt à votre grande lettre, mon cher archevêque ; car j'en ai eu souvent à écrire sur des choses longues, et qui me fatiguent la tête. Je puis le faire présentement article par article, vous disant auparavant que je suis bien moins homme de bien et moins vertueux que l'on ne me croit, ne voyant en moi que haut et bas, chutes et rechutes, relâchements, omissions et paresse dans mes devoirs les plus essentiels, immortification, délicatesse, orgueil, hauteur, mépris du genre humain, attache aux créatures, à la terre, à la vie, sans avoir cet amour

---

1. *Correspondance de Fénelon*, tome I, p. 247.

du Créateur au-dessus de tout, ni du prochain comme moi-même.

1° Il est vrai que je suis renfermé assez souvent; mais comme je vous l'ai dit, j'écris beaucoup de certains jours. La prière, la lecture prennent aussi du temps, quoique j'y sois moins régulier que je ne devrois être. Je ne nie pas cependant que je n'en perde souvent. Il est vrai aussi que je parle plutôt aux gens à qui je suis plus accoutumé, et que je suis trop en cela mon goût naturel.

2° Je ne sache point, dans tout ce qui s'est passé en dernier lieu, avoir consulté gens sans expérience. J'ai parlé aux plus anciens généraux, à des gens sans atteinte sur le courage, et, si les conseils ont été taxés de timides, ils méritoient plutôt le nom de prudents.

3° Il est vrai que la présomption absolue de M. de Vendôme, ses projets subits et non digérés, et ce que j'en ai vu, m'empêchent d'avoir aucune confiance en lui, et que cependant j'ai trop acquiescé dans des occasions où je devois au contraire décider de ce qu'il me proposoit, joignant en cela la foiblesse à peut-être un peu de prévention; car, depuis l'affaire d'Audenarde, j'ai reçu la puissance décisive, ainsi que je crois vous l'avoir déjà dit.

4° M. de Vendôme lui-même ne songeoit point à attaquer les ennemis le 5ᵉ du mois passé. On ouvroit des marches dans des pays difficiles, et ce ne fut que le 7ᵉ qu'il alla par hasard reconnoître les passages de la droite, que l'on avoit tenus pour impraticables, et qui étoient les plus aisés. Il est vrai que, le 6ᵉ, voyant tout le monde d'un avis contraire à celui d'une attaque, ou du moins presque tous, et m'étant revenu des discours des soldats qui marquoient peu de confiance de réussir à ce qu'ils alloient entreprendre; voyant d'ailleurs les suites terribles de la perte d'une bataille, qui étoit quasi inévitable de la manière dont les ennemis étoient postés, et que l'État en pouvoit souffrir considérablement, je crus ne pouvoir pas en conscience passer plus avant sans un nouvel ordre du Roi sur l'exposition des choses. Je voyois, comme je vous dis, M. de Vendôme d'un côté, qui croit tout ce qu'il désire; je le savois piqué de l'affaire d'Audenarde; et d'un avis contraire le maréchal de Berwick, nos anciens officiers, gens d'expérience et de courage, gens même qui, avant la jonction de l'armée, avoient proposé au maréchal d'attaquer le prince Eugène dans ses lignes, pendant que le duc de Marlborough étoit de l'autre côté de l'Escaut. Les choses donc exposées au Roi, l'ordre vint d'attaquer les ennemis. Le même jour, arriva M. Chamillart, qui le confirma. On reconnut les chemins; on marcha en avant; on se campa en présence de l'ennemi; on reconnut son camp et ses retranchements. M. de Vendôme, voyant que l'affaire, si elle tournoit mal, retomberoit uniquement sur lui, commença à la trouver difficile. M. Chamillart lui-même parla aux officiers, vit les difficultés, en prévit les malheureuses suites, écrivit au Roi, et fut, je crois, cause que le Roi rétracta l'ordre d'attaquer. Voilà précisément comme les choses se sont passées, et c'est dans tout ce temps que j'ai été dans l'état que je vous ai dépeint dans mon autre lettre.

5° Il est vrai que j'ai quelquefois badiné, mais rarement. Pour la perte du temps, elle a été plus considérable; mais souvent il n'y a que moi qui l'ai su.

6° Les délibérations publiques sont véritables; mais on les peut mettre sur le compte de M. de Vendôme plutôt que sur le mien.

7° Il en est de même de n'être pas bien averti, et ce qui fait retomber sur moi ces articles, est que j'aurois dû agir autrement, et que je ne l'ai pas fait toujours, me laissant aller à une mauvaise complaisance, foiblesse ou respect humain. Vous connoissez parfaitement M. de Vendôme, et je n'ai rien à vous dire de plus que ce que vous en mettez dans votre lettre. Ce que vous dites du maréchal de Berwick est aussi fort juste, et il excède peut-être trop en prudence, au lieu que M. de Vendôme excède en confiance et négligence, ainsi que je l'ai déjà dit.

Je tâcherai de faire usage des avis que vous me donnez, et priez Dieu qu'il m'en fasse la grâce, pour n'aller trop loin ni à gauche, ni à droite. Demandez de plus en plus à Dieu qu'il me donne cet amour pour Lui, et de tout, et de moi-même, amis et ennemis, pour Lui et en Lui.

Je ne sais rien de précis sur ce que l'on dit, que mon frère traite mieux que moi et connoît plus que moi des officiers de qualité et de mérite. Comme il écrit moins que moi, il les peut voir plus souvent. Sur ce que vous me dites du combat d'Audenarde, il est vrai que j'ordonnai à deux brigades d'infanterie de charger trois bataillons des ennemis que l'on me dit absolument séparés de leur armée, et que, voyant le centre dégarni, j'envoyai ordre à droite (devant laquelle le maréchal de Matignon m'avoit mandé qu'il ne paroissoit plus rien) de se rapprocher de ce centre. Je comptois si peu commencer le combat, que de là j'allai à la gauche, où étoit M. de Vendôme fort pensif, et que, quand je l'allai rejoindre sur la droite, où l'on eut beaucoup de peine à le faire aller, la moitié de l'infanterie étoit déjà quasi en désordre, qu'à peine croyois-je l'affaire commencée.

Je vous ai répondu sur ce qui regarde le 5 septembre. J'ai en effet de la confiance au comte de Bergeyck ; il connoît les affaires à fond et ne se donne point pour homme de guerre. Il est vrai qu'il décide et parle assez. Je le crois absolument affectionné, et bien éloigné de songer à faire son parti meilleur avec les ennemis. Pour le secret de l'État, il en a été chargé et instruit par le Roi même, qui a aussi beaucoup de confiance en lui. Je profiterai de ce que vous m'en dites ; mais je ne crois pas que l'on se doive défier de ses intentions.

Je ferai aussi usage de ce que vous me marquez sur le comte d'Évreux[1], sans affectation, mais aussi pour ne pas

---

1. C'était le fils du duc de Bouillon. Après l'affaire d'Aude-narde, il avait écrit à la cour une lettre très défavorable pour

paroître dupe ; car vous savez que c'est un personnage qu'il faut éviter. Je m'attends à bien des discours que l'on tient, et que l'on tiendra encore. Je passe condamnation sur ceux que je mérite, et méprise les autres, pardonnant véritablement à ceux qui me veulent ou me font du mal, et priant pour eux tous les jours de ma vie. Voilà mes sentiments, mon cher archevêque, et malgré mes chutes et défauts, une détermination absolue d'être à Dieu.

Priez-le donc incessamment d'achever en moi ce qu'il y a commencé, et de détruire ce qui vient du péché originel et de moi. Vous savez que mon amitié pour vous est toujours la même. J'espère pouvoir vous en assurer moi-même à la fin de la campagne : on ne sauroit encore dire quand ce sera ; car l'événement de Lille est encore indéterminé.

Louis.

XLVIII.

Mémoire de Monseigneur le duc de Bourgogne au comte de la Motte[1].

[4 octobre 1708.]

Il ne faut point songer à pouvoir arrêter les convois que l'ennemi tire d'Ostende en allant avec une armée sur ledit convoi du côté de Thourout et de Rousselaer, attendu que, ces endroits n'étant qu'à six lieues du camp des

le duc de Bourgogne (*Mémoires de Saint-Simon*, édition Boislisle, tome XVI, p. 235 et suivantes).

1. Dépôt de la Guerre, vol. 2078, n° 75.

ennemis, ils peuvent, à notre insu, renforcer les troupes qui servent d'escorte audit convoi en tel nombre qu'il leur plaira pour être supérieurs aux nôtres, et le parti de se porter là ne se doit prendre que supposé que l'on fût sûr d'avoir la supériorité du nombre, ce qui ne peut presque pas arriver.

Cela étant, il faut voir si, sans s'exposer à un combat général, l'on ne peut pas prendre des situations derrière les canaux qui rompent les convois des ennemis.

On dit qu'ils se retranchent à Leffinghem et qu'ils y font un fort; si de là ils peuvent tirer leurs convois, laissant le canal de Moerdyck à gauche, et qu'ils ne soient pas obligés de venir effleurer le Polder nouveau qui est entre la digue de Zandvoorde, le canal de Nieuport à Plasschendaele et celui de Plasschendaele à Ostende, il faudra voir à les chasser de ce poste de Leffinghem. Pour y réussir, il faut envoyer par Dixmude à Nieuport un nombre de bataillons et dragons supérieur d'un tiers à ce corps-là pour tâcher de l'obliger à rentrer dans Ostende. On peut soutenir ces troupes tant par les digues qui viennent de Nieuport à Leffinghem, en y envoyant de nouvelles troupes, que par des bateaux armés qui iroient à la rame et qui viendroient par Nieuport et par Plasschendaele; on peut pour cela se servir des troupes de marine et des officiers de galères qui sont à Dunkerque. Si l'on réussissoit à chasser les ennemis de ce poste qui n'est pas achevé, on y placeroit des troupes en plus grand nombre que celles qui sont à Ostende, et on établiroit une communication de Nieuport à Plasschendaele, derrière le canal, et de Plasschendaele à Bruges, en faisant des chemins au bas du canal pour plus de commodité; mais, en faisant cette entreprise, il faut avoir grande attention qu'il ne vienne point de troupes de l'armée des ennemis renforcer ce qui est à Leffinghem; supposé après cela que l'ennemi, passant son convoi à Leffinghem, soit obligé par les vives eaux que l'on donne, de faire suivre à ses voitures la digue jusqu'au Polder nouveau, pour lors, sans le déposter de Leffinghem, en occupant le Polder nouveau, on l'empêchera de pouvoir tirer aucun convoi. S'il est vrai que le convoi soit obligé, en sortant d'Ostende, d'aller passer à Lombartzyde pour regagner la digue, il faut examiner si l'on ne pourroit pas se retrancher pour empêcher que l'ennemi de Lombartzyde n'aille gagner la digue.

S'il n'y a pas de coupures au canal de Nieuport pour écouler les vives eaux dans le pays, il faut se dépêcher de faire des coupures depuis Snaeskerke jusqu'à Oudenbourg, tant que les vives eaux dureront.

M. le comte de la Motte verra à faire l'usage de ce mémoire le plus convenable suivant ses lumières, et marquera ce qu'il pense, et les résolutions qu'il prendra fort en détail.

XLIX.

Au duc de Noailles [1].

5 octobre 1708.

Je ressens plus que personne, Monsieur, le sujet de votre affliction, ayant toujours eu des marques très sensibles de l'attachement de Monsieur votre père [2], et toujours une très véritable amitié pour lui. Vous connoissez la mienne pour vous. Je voudrois pouvoir vous en donner des marques dans quelque occasion où il me fût permis de m'étendre davantage.

LOUIS.

---

1. *Mémoires de Noailles*, p. 409 ; Proyart, tome II, p. 200.
2. Le maréchal de Noailles était mort le 2 octobre.

L.

Au duc de Vendôme[1].

Du camp du Saussois, le 13 octobre 1708.

Si je ne vous ai point écrit plus tôt, Monsieur, c'est que j'attendois des lettres du maréchal de Boufflers que celui qui les avoit apportées ne pouvoit rendre. Je vois les fruits de vos bonnes dispositions qui commencent, et je m'attends à en voir bientôt la fin. Il me paroît que l'on ne peut prendre des mesures plus justes que celles que vous prenez pour empêcher les ennemis de tirer un second convoi d'Ostende, et qu'ils auront bien de la peine à y réussir. C'est un grand coup s'il ne leur peut plus rien passer. Je ne doute pas que vous n'y réussissiez et que vous n'ayez par là la gloire de sauver Lille au Roi ; c'est ce que je souhaite de tout mon cœur, et que j'espère voir

1. Copie dans ms. Franç. 14178 (qui est une copie par un secrétaire de Vendôme des lettres reçues par celui-ci), fol. 243 v°; publiée dans les *Mémoires de Saint-Simon*, tome XVI, appendice, p. 606, avec la première phrase en moins. M. le marquis de Vogüé ne l'a pas insérée, comme il a fait pour les autres de la même époque, parmi les lettres au duc de Beauvillier. Il y en a une copie au Dépôt de la guerre, vol. 2083, n° 275 ; mais elle ne contient ni le premier ni le dernier paragraphe, qui sont si élogieux pour Vendôme et qui semblent établir de la part du prince une approbation si entière de ses projets. Dans l'appendice VI de son tome XVI des *Mémoires de Saint-Simon*, M. de Boislisle a fait ressortir les différences tout à fait singulières, et toujours à l'avantage de Vendôme, qui existent entre les copies de lettres exécutées pour lui par ses secrétaires et les originaux ou les minutes qu'on a pu retrouver.

entre ci et peu de jours. Je commence d'espèrer, Monsieur, que nous verrons peut-être les ennemis absolument rebutés ; car, s'ils n'ont pas de quoi prendre Lille, ils ne peuvent pousser le siège encore loin, et j'écris toujours à M. le maréchal de Boufflers de le prolonger jusqu'à la dernière extrémité. Dès que j'ai lu votre lettre, avec celle pour M. Chamillart, j'ai été absolument de votre avis sur le projet que vous y proposez, et rien n'est meilleur à faire. J'appuierai certainement votre proposition, et je ne doute pas que le Roi n'y entre. Il me paroît que l'on ne peut pas faire autre chose, et qu'il faut, comme vous le dites, s'y prendre incessamment.

J'ai eu plusieurs avis, conformes à ceux qui vous sont venus, que les ennemis ont dessein de passer un convoi au travers des inondations, et j'ai écrit à MM. de Forbin et de Langeron afin qu'ils traversent cette navigation autant qu'ils pourront. Sur ce que vous me mandez de vous envoyer trente bataillons et quarante escadrons, je doute, avec ce que vous serez obligé de laisser dans le nouveau Polder et le gros corps de cavalerie de Marlborough, je doute, dis-je, que vous soyez en état de marcher pour le combattre. On a fait une proposition par laquelle, sans songer davantage à la défense de l'Escaut, et envoyant un petit corps derrière la Scarpe, je passerois tout d'un coup l'Escaut à Pottes et à Berchem, et marcherois droit à Deynze, avec toute l'armée, pour y passer la Lys, pendant que, vous marchant derrière le canal jusqu'à Bellem, nous nous joindrions derrière le ruisseau de Foulques, pour ensuite marcher droit à Marlborough, à qui je ne doute pas que nous ne fissions repasser la Lys, et, par conséquent, ils ne tireroient plus de convois d'Ostende ni de l'Écluse. Il est vrai que l'Escaut ne seroit plus gardé ; mais, s'ils manquoient de munitions pour ne pas prendre Lille avec ce qu'ils en ont présentement, peut-être seroient-ils obligés de lever le siège avant que d'avoir retiré un nouveau convoi de Bruxelles. Nous-mêmes pourrions nous mettre entre la Lys et l'Escaut, marcher toujours à eux, et, pendant tous ces mouvements, les convois seroient fort retardés et les mauvais temps arriveroient. Il est vrai que ce projet est un peu long, et je craindrois bien que, pendant tout ce temps, Lille vînt à se perdre. Si vous êtes de ce sentiment néanmoins, mandez le moi, et vos dispositions pour l'exécuter, afin qu'ayant fait les miennes, je puisse marcher au plus tôt et trouver du pain, soit à Gand, soit à Bruges, pour soixante bataillons et cent trente escadrons que j'emmènerois avec moi. Je pense bien comme vous qu'il est d'une extrême conséquence de conserver Gand et Bruges, et que, si nous sommes assez malheureux pour perdre Lille, il faut du moins songer à le reprendre pendant l'hiver.

Je ne saurois encore assez vous répéter, Monsieur, combien j'ai été frappé de votre projet, et combien j'espère que le Roi y entrera, et qu'il réussira. Vous me ferez plaisir de me renvoyer Puységur pour qu'il m'explique vos vues pour la suite de la campagne, de quelque manière que les choses puissent tourner, afin que je prenne les mesures qui conviendront de ce côté-ci pendant que vous prenez si bien celles du côté où vous êtes présentement. Je voudrois qu'il se rencontrât des occasions où je pusse rendre service au Roi par quelque chose de glorieux, et ma joie seroit parfaite si vous y aviez une part principale, comme cela seroit certainement. Soyez bien persuadé, Monsieur, de l'estime particulière que j'ai pour vous.

LOUIS.

LI.

A Fénelon, archevêque de Cambray[1].

A Douay, 5 décembre 1708.

Si je n'ai pas répondu plus tôt à plusieurs de vos lettres, mon cher archevêque, ce n'est pas que j'en aie plus mal reçu ce qu'elles contiennent, ni que mon amitié pour vous en soit moins vive. Je suis ravi de tout ce que vous m'avez mandé que l'on dit de moi. Vous pouvez interroger le Vidame[2], qui vous rendra cette lettre, sur la suite des faits publics, qu'il me seroit bien long de reprendre ici. Je vous parlerai cependant de quelques-uns.

Je n'ai jamais eu ordre du Roi d'attaquer le prince Eugène pendant l'éloignement du duc de Marlborough. Au contraire, quand il marcha à M. de Vendôme du côté d'Oudenbourg, le maréchal de Berwick et moi voulions rassembler les différents camps qui étoient le long de l'Escaut, et marcher au prince Eugène. L'ordre de marche fut dressé, et je l'aurois exécuté si nous n'avions trouvé tous ceux que je consultai d'un avis contraire, et qu'il falloit plutôt fortifier M. de Vendôme du côté de Bruges et de Gand. Ceux à qui je parlai étoient MM. d'Artagnan, Gassion, Saint-Frémont, Cheyladet et Souternon.

Les trois bataillons d'Audenarde sont vrais ; mais on me les assura séparés de l'armée ennemie, et il n'y auroit

1. *Correspondance de Fénelon*, tome I, p. 283.
2. Louis-Auguste d'Albert, fils du duc de Chevreuse, titré vidame d'Amiens.

eu nul combat, si l'on s'étoit arrêté à l'endroit où l'on disoit qu'ils étoient, et où on ne les trouva point ; du moins les ennemis les seroient-ils venus chercher.

Sur la Marque, M. de Vendôme n'étoit pas pressé d'attaquer. Il ne reconnut le côté où étoit d'Artagnan que trois jours après son arrivée, et dès lors les retranchements étoient formés. Les plaines, il est vrai, sont assez grandes ; mais les ennemis y auroient toujours eu un plus grand front que nous, pour nous envelopper en débouchant des défilés.

Je ne me souviens point d'avoir écrit à des gens indiscrets ce que j'écrivois au Roi, en chiffre, sur l'état du dedans de la ville de Lille.

Je vous remets au Vidame sur tout le reste, dont je ne puis vous faire un plus long détail. Je profiterai, avec l'aide de Dieu, de vos avis. J'ai bien peur que le tour que je vais faire en Artois, me faisant finir ma campagne à Arras, ne m'empêche de vous voir à mon retour, comme je l'avois toujours espéré ; car, de la manière dont vous êtes à la cour, il me paroît qu'il n'y a que le passage dans votre ville archiépiscopale qui me puisse procurer ce plaisir. Je suis fâché aussi que l'éloignement où je vais me trouver de vous m'empêche aussi de recevoir d'aussi salutaires avis que les vôtres. Continuez-les cependant, je vous en supplie, quand vous en verrez la nécessité, et que vous trouverez des voies absolument sûres. Assistez-moi aussi de vos prières, et comptez que je vous aimerai toujours de même, quoique je ne vous en donne pas toujours des marques.

Louis.

LII.

Au comte de la Motte-Houdancourt[1].

Arras, le 8 décembre 1708.

J'ai reçu les ordres du Roi pour séparer l'armée[2]. Ainsi, après avoir fait les dispositions nécessaires, je pars demain pour me rendre à la cour. Le Roi a mandé au sieur Le Blanc[3] de se rendre à Gand pour pourvoir à la subsistance nécessaire pour les troupes et les bourgeois. Ses intentions étant de faire l'impossible pour conserver Gand et Bruges, il est à propos pour cet effet que vous y mettiez une garnison suffisante pour ôter l'envie aux ennemis d'en faire le siège, supposé qu'il y ait suffisamment des vivres; que vous gardiez aussi le canal tant que vous croirez le pouvoir faire sans exposer les troupes que vous avez, et que, les ennemis venant au canal avec toutes leurs forces, vous laissiez seulement les garnisons nécessaires pour ces deux places.

Voilà quelles sont les intentions du Roi, qui me mande en même temps de faire passer à Ypres douze bataillons de ceux destinés pour rester l'hiver dans les places les plus reculées de la Picardie, mais que ces bataillons ne pourront être employés que pour des mouvements qui seront à portée d'eux, sans pouvoir sous aucun prétexte les faire marcher du côté du canal de Bruges. Je suis, etc...

LOUIS.

1. Dépôt de la guerre, vol. 2151, n° 145, p. 31-32.
2. Voyez ci-dessus, tome 1, p. 392.
3. Intendant en Flandre maritime.

LIII.

A Fénelon, archevêque de Cambray[1].

[Mai 1709 [2].]

On ne peut s'empêcher, mon cher archevêque, de chanter ici vos louanges. Pour moi, qui ne juge pas des actions par leur éclat, vous pensez bien que je ne vous estime pas moins lorsque vous faites distribuer vos blés aux pauvres de votre diocèse que quand vous les envoyez à nos soldats. C'est néanmoins très bien fait d'avoir dirigé vos charités dans ce moment vers l'endroit où le besoin paroît plus urgent. Vos libéralités d'ailleurs en ont déterminé une infinité d'autres. Le Roi a parlé de vous ; il sait que je vous écris. Il a fait marquer aux abbayes combien il étoit satisfait des généreux efforts qu'elles ont faits dans ces fâcheuses conjonctures. Que le Dieu de paix veuille rapprocher tous les cœurs. Le mien, vous le savez, vous est uni pour jamais.

Louis.

1. Proyart, tome II, p. 144 ; cette lettre n'est pas reproduite dans la *Correspondance de Fénelon*.
2. La date de cette lettre est indiquée par le passage d'une lettre de Mme d'Huxelles, citée dans le *Journal de Dangeau*, tome VIII, p. 413, où elle mentionne les distributions de pain faites par l'archevêque pendant la disette.

LIV.

Au maréchal de Boufflers[1].

[Septembre 1709.]

.....Le Roi est aussi satisfait de vous et de M. le maréchal de Villars que vous l'êtes vous-même de vos troupes[2]. L'ennemi a éprouvé que le François a encore du sang dans les veines. Il est vrai qu'il seroit à souhaiter, pour relever les courages, que nos avantages fussent apparents ; mais c'est toujours beaucoup que nous en ayons de réels ; les ennemis ne peuvent pas l'ignorer. Vous pensez bien que nous ferons ici l'impossible pour que de si braves gens ne manquent pas de pain...

Louis.

1. Fragment donné par Proyart, tome I, p. 275.
2. Cette phrase montre que cette lettre fut écrite après la bataille de Malplaquet.

LV.

Au duc de Noailles [1].

A Versailles, 6 août 1710.

L'occasion qui se présente est trop favorable pour ne pas accompagner d'une réponse tardive les compliments que vous méritez justement sur ce qui vient de se passer en Languedoc [2]. On le doit à votre diligence et à votre bonne conduite, et je puis vous assurer qu'à commencer par le Roi, tout le monde vous rend justice, du moins ceux que j'ai vus et à qui j'en ai parlé. J'en ai été en mon particulier plus aise que personne, et par le bien public, et par l'amitié que j'ai pour vous et qui m'intéresse vivement à tout ce qui vous regarde. Venons maintenant à votre ancienne lettre, suite de notre dernière conversation. Il est plus temps que jamais, à l'heure qu'il est, de s'évertuer et d'exécuter quelque chose. Nos ennemis ne veulent absolument point la paix depuis qu'ils conviennent que, quand même on se joindroit à eux, ce ne seroit point assez pour réduire l'Espagne. Il est sûr qu'ils n'en veulent qu'à la France. Travaillons donc, et travaillons sérieusement et avec efficace. La justice étant sans contredit de notre côté, soutenons-la par la force autant qu'il nous sera possible; mais surtout jamais de découragement! Il paroît, Dieu merci! que l'on n'en a point ici, et je m'en réjouis. MM. Voysin et Desmaretz commencent aussi à travailler ensemble avec le Roi. Continuez, quand il arrivera quelque chose qui en vaille la peine, de me le mander.

Louis.

1. *Mémoires de Noailles*, p. 410; fragments dans Proyart, tome I, p. 277, et tome II, p. 199.

2. A propos de la descente faite par les ennemis aux environs de Cette (*Mémoires de Saint-Simon*, tome XX, p. 99-101).

LVI.

Au duc de Vendôme [1].

A Versailles, ce 2ᵉ février 1711.

J'ai vu, par votre lettre que je reçus hier, Monsieur, que
le roi mon frère s'étoit acquitté de la commission dont je
l'avois chargé. Vous venez certainement de lui rendre le
plus important service [2], et, par les dispositions que je sais
que vous faites, je ne doute pas que vous ne continuiez de
même. Soyez persuadé que j'y ai pris et que j'y prendrai
toujours beaucoup de part. Vous savez comme je vous en
ai parlé lorsque vous partîtes d'ici, et vous me connoissez
pour un homme véritable. Assurez-vous aussi, Monsieur,
de la parfaite estime que j'ai pour vous, et dont je serai
ravi de pouvoir vous donner des marques quand les occasions s'en présenteront.

LOUIS.

1. Copie dans le ms. Franç. 14178, fol. 444 ; publiée dans
les *Mémoires de Saint-Simon*, tome XX, Appendice, p. 446.
2. En gagnant la bataille de Villaviciosa.

LVII.

A M. Desmaretz, contrôleur général des finances [1].

[Sans date ; avant avril 1711.]

Pardon, Monsieur, de mon infidélité au rendez-vous. Je
m'en prendrois volontiers au Roi et à Mme la duchesse de
Bourgogne ; mais, dans le fond, il y a bien aussi de ma
faute ; car le Roi m'a presque grondé quand je lui ait dit,
en le quittant, que vous aviez perdu votre temps à
m'attendre. Vous savez qu'il veut par dessus tout qu'on
mette de l'ordre et de la suite dans les affaires. Mais, autre
inconvénient : Monseigneur veut que je chasse avec lui ce
soir ; venez donc demain et paroissez chez moi aussi tôt que
le soleil sur l'horizon. Les ordres seront donnés ; vous me
trouverez certainement, et nous serons bien seuls. Vous ne
feriez pas mal de vous munir du bail, j'entends l'avant-
dernier. Je vous montrerai quelque chose sur la liquida-
tion de l'emprunt ; mais il y a trop d'observations à faire
sur ce chapitre pour que nous puissions rien conclure
demain [2]. Allons au bien du jour, il le faut nécessairement ;
mais il faut aussi que ce soit le moins que faire se peut aux
dépens du lendemain. Le Roi n'a pas là-dessus une façon
de penser différente de la mienne ; l'État n'est malheureusement que trop obéré.

Louis.

1. Proyart, tome II, p. 198.
2. Tout ceci indique que cette lettre date de l'époque où le
prince s'occupait déjà des affaires, et surtout des finances ;
mais la mention de Monseigneur montre qu'elle est antérieure
au mois d'avril 1711, date de la mort de celui-ci ; elle est sans
doute du commencement de cette année.

LVIII.

A Madame de Maintenon [1].

Versailles, samedi, à neuf heures, [11 avril 1711].

J'écris au Roi, Madame, sur une chose qui intéresse encore plus tout le royaume que la santé de Monseigneur ; vous jugez aisément que c'est sur la sienne propre. Il n'y a personne qui ne tremble, lorsqu'on pense que le Roi est exposé à tous moments à un air dangereux et qui peut communiquer non seulement la petite vérole, mais d'autres maladies plus à plaindre encore. Je sais, Madame, que le Roi se doit à sa famille, et je ne le sens que trop par l'ordre qu'il me donne de me point présenter devant lui ; mais je sais aussi qu'il se doit encore plus à l'État, et, si l'on recueilloit les voix de ses sujets, il ne s'exposeroit certainement point à un péril dont j'espère que Dieu le préservera, mais qui est réel. Si du moins il vouloit quitter le vieux château et passer dans le neuf, il en seroit plus éloigné et tout aussi à portée de recevoir à tous moments des nouvelles de l'état de Monseigneur. Monseigneur lui-même en seroit plus tranquille ; car je suis sûr qu'il pense comme moi sur la conservation du Roi. Jugez, Madame, par l'inquiétude que nous donne l'état de Monseigneur, où nous en serions si le Roi lui-même tomboit malade, et dans la conjoncture présente où le poids des affaires est tel qu'il faut toute son âme pour les soutenir.

1. Proyart, tome II, p. 180 et 186. La Beaumelle a publié cette lettre, mais en en modifiant quelque peu les termes.

Quelque tristes que soient ces idées, on ne peut s'empêcher
ni de les avoir ni de s'en expliquer. Ce sont toutes ces considérations, et bien d'autres que le peu de temps que j'ai
à moi ne me permet pas d'exposer ici, qui font que je vous
supplie de présenter au Roi la lettre que j'ai l'honneur de
lui écrire. Il n'a pas un sujet qui ne la signât de son sang ;
c'est tout son royaume qui lui parle par ma voix. M. le
duc d'Orléans et M. le duc du Maine sortent d'ici pour
m'en parler tous deux, et ce dernier a vu ma lettre, qu'il
ne désapprouve certainement pas.

Après ces objets publics, je suis honteux d'en venir à un
particulier : c'est Madame la duchesse de Bourgogne. Ima-
ginez, je vous prie, Madame, tout ce que je pense et dois
penser, tout ce que je sens et que je dois sentir. Vous savez
combien je l'aime ; où en sera mon cœur, si je la vois aller
à Meudon ? La seule satisfaction du Roi l'emporteroit sur
mon inquiétude. Je [1] vous prie, Madame, d'être assurée de
la sincérité de mon amitié, et que je suis au désespoir
d'être encore longtemps sans vous la pouvoir témoigner
moi-même. Mon Dieu ! si vous voyiez dans quel état nous
sommes ! Adorons Dieu dans tout ce qu'il fait ; confions-
nous en ses immenses miséricordes ; la foi seule peut nous
soutenir, et le bien de l'État nous consoler.

Louis.

LIX.

Au Roi [2].

11 avril 1711.

J'espère que Votre Majesté me pardonnera la liberté que
je prends de lui écrire, dans l'appréhension où je suis

---

1. La lettre est incomplète dans Proyart. Toute cette fin est
le texte de La Beaumelle.

2. Proyart, tome II, p. 182. Le texte donné par La Beaumelle
est légèrement différent.

de n'avoir pas le bonheur de la revoir de sitôt. J'apprends
en ce moment que la petite vérole se déclare à Monseigneur.
Je sais que vous ne la craignez pas, et c'est ce qui me
fait le plus craindre. Vous ne vous ménagerez point ; vous
céderez aux sollicitations de votre tendresse ; s'il y a du
péril, vous le mépriserez. Mais ces maladies non seulement
se communiquent ; elles en communiquent encore d'autres,
qui me font bien plus craindre pour Votre Majesté qu'elle
ne craint pour moi, lorsqu'elle me fait défense d'aller lui
faire ma cour à Meudon. Me voir éloigné de Votre Majesté
pour un temps considérable m'est extrêmement sensible ;
mais qu'est-ce que mes peines en comparaison de mes
craintes ? Je vous supplie, Sire, au nom de Dieu, de conserver votre personne, que je ne saurois m'accoutumer à
voir en péril. Je ne suis pas le seul qui vous fasse cette
prière ; c'est tout votre peuple ; c'est tant de millions de
sujets, dont je suis le plus fidèle et le plus soumis, et j'ai la
confiance que Votre Majesté recevra en bonne part cette
lettre qui part du cœur le plus respectueux, le plus dévoué
et, si j'ose dire, le plus tendre qui fût jamais.

Louis.

LX.

A Madame de Maintenon [1].

A Versailles, le 13 avril [1711].

Je prends encore la liberté, Madame, de vous envoyer
une lettre pour le Roi [2], que vous lui rendrez, s'il vous
plaît, de la manière et dans le temps que vous le jugerez à

---

1. Copie dans un Recueil de lettres adressées à Madame de
Maintenon appartenant à M. le duc de Lesparre, tome II, p. 30.

2. A propos de la mort de Monseigneur, arrivée le matin
même ; on ne connaît pas le texte de cette lettre.

propos. Je n'ai pas la force de parler sur le sujet qui me l'a fait écrire. Madame la duchesse de Bourgogne vous pourra dire l'état où nous sommes ici depuis hier, et le désir que j'ai de me rapprocher du Roi au plus tôt. Il faut adorer Dieu dans tout ce qu'il fait et se confier en ses immenses miséricordes ; c'est cette seule vue qui me soutient. Conservez-moi toujours votre amitié, Madame, et soyez persuadée, je vous prie, que la mienne pour vous ne peut être plus sincère.

Louis.

LXI.

Au duc de Vendôme [1].

A Marly, le 11 mai 1711.

Je connois mieux que personne, Monsieur, combien la perte que je viens de faire vous aura été sensible, par l'attachement que vous avez toujours eu pour Monseigneur. Mais vous avez aussi pu juger, par l'amitié qu'il m'a toujours témoignée, combien j'en ai été pénétré de douleur. Soyez persuadé, je vous prie, Monsieur, que je tâcherai d'adoucir la vôtre en suivant les traces de Monseigneur à votre égard en tout ce qui dépendra de moi, et que, connoissant et ayant toujours connu la vérité des sentiments que vous avez pour moi, je vous donnerai avec beaucoup de plaisir en toute occasion des marques de mon amitié et de ma parfaite estime.

Louis.

1. Copie dans ms. Franç. 14178, fol. 345 v°.

LXII.

A Fénelon, archevêque de Cambray [1].

[1711.]

Je ne suis point surpris, mon cher archevêque, que la renommée, la messagère de la méchanceté, vous ait porté la nouvelle que le Roi m'a fait juge en cette affaire [2] ; mais ce qui m'auroit bien étonné, ce seroit que vous ayez ajouté la moindre créance à ces bruits, connoissant comme vous faites les sentiments invariables du Roi et les miens à cet égard. Ce qui y a donné occasion, c'est que véritablement le Roi m'a chargé de voir les évêques pour faire finir cette affaire, mais comme pacificateur et nullement comme juge, ce qui fait une grande différence. Je n'ignore pas quelles furent les entreprises irrégulières du clergé dans des temps d'ignorance, et celles des puissances séculières dans d'autres. Je sais comment s'est malheureusement rompu le lien de la catholicité parmi nos voisins, et enfin ce que je puis et ce que je dois, sous le bon plaisir du Roi, dans ces sortes de matières, et j'espère, moyennant la grâce de Dieu, ne jamais me départir des bons principes. Je vous sais gré de ce que vous me les rappelez, et des autres avis que vous me donnez et que je recevrai toujours avec plaisir, et, ce me semble, avec la volonté sincère d'en profiter...

Louis.

1. Proyart, tome II, p. 293. Cette lettre n'a pas été insérée dans la *Correspondance de Fénelon*.

2. L'affaire des évêques de Luçon et de la Rochelle contre le cardinal de Noailles.

LXIII.

A *Fénelon, archevêque de Cambray* [1].

[Sans date.]

...Il est bien vrai, mon cher archevêque, qu'il faut dans ce pays-ci prendre son âme entre ses mains pour ne pas se laisser aller à l'abattement et succomber à l'ennui. Souvent vous verrez à peine, parmi une foule d'hommes, un seul homme sur lequel puisse reposer votre confiance, et il faut prendre le ton et le visage de la confiance. Mais que répondre à des propos futiles, à de fades compliments, que l'on entend tous les jours et que l'on n'aime point ? Que dire à des gens qui vous écoutent et qui ne vous suivent point, gens préoccupés de projets d'ambition, de fortune et de plaisir, gens indifférents pour l'intérêt commun et qui ne sont, comme vous dites, touchés que du *moi* ? Ces moments me sont à charge jusqu'à la fatigue. On ne vit pas ; on ne fait que languir, et l'on se plaindroit volontiers comme le roi d'Israël de la longueur de son exil. Je ne sais quels gens c'étoient que ces habitants de Cédar qui rendoient la vie si ennuyeuse à ce prince ; mais je ne connois que trop bien ce que sont ceux de ce pays-ci : *Beatus ille qui procul !* Cependant, comme ce bonheur ne sauroit jamais être le mien, je tâche de faire de nécessité vertu, et je me laisse ennuyer, quand je puis croire que le bien le demande et que Dieu le veut ainsi...

Louis.

1. Fragment donné par Proyart, tome II, p. 125.

APPENDICE II.

INDEX CHRONOLOGIQUE GÉNÉRAL

DES

LETTRES DU DUC DE BOURGOGNE.

Nous donnons ci-après une liste par ordre chronologique de toutes les lettres du duc de Bourgogne qu'il nous a été possible de découvrir. Leur ensemble se trouve maintenant compris dans trois recueils facilement abordables : 1° l'ouvrage de M. le marquis de Vogüé, *Le duc de Bourgogne et le duc de Beauvillier,* paru en 1900 ; — 2° les tomes III et VIII des *Mémoires militaires relatifs à la guerre de la succession d'Espagne* publiés par le général Pelet dans la collection officielle in-4° des *Documents inédits sur l'histoire de France ;* — 3° la présente publication des lettres adressées par le prince à son frère le roi Philippe V et à sa belle-sœur la reine d'Espagne, avec les appendices que nous y avons joints. — Dans la liste qui va suivre, les renvois au premier de ces recueils sont indiqués par le mot *Vogüé,* ceux au second par les mots *Mémoires militaires ;* enfin la mention d'un tome et d'une page sans autre indication désigne notre présente publication. Sur les 550 lettres de cette liste, 124 appartiennent au recueil Vogüé, 13 aux Mémoires militaires ; trois se trouvent dans la collection Morrisson et sont inédites ; les 410 autres sont réunies dans nos deux volumes : savoir, 219 à Philippe V et à la reine d'Espagne, 128 à Louis XIV et à Chamillart pendant les campagnes de 1703 et de 1708 (appendice de notre tome 1er), 63 enfin à diverses personnes (appendice I du présent tome II).

1702

1702 *(suite)*

1703

1703 (*suite*)

1703 *(suite)*

1705

1705 (*suite*)

1706

1707

1707 *(suite)*

1708

1708 *(suite)*

1708 *(suite)*

1708 (*suite*)

1708 (*suite*)

1708 (*suite*)

1708 (*suite*)

1708 (*suite*)

1708 (*suite*)

1708 *(suite)*

1708 (*suite*)

1710 (*suite*)

1711

1. Ci-dessus, p. 60, cette lettre a été datée du 5 septembre, par suite d'une faute d'impression ; elle est en réalité du 20, comme sa place l'indique.

1711 (*suite*)

1712

TABLE ALPHABÉTIQUE

DES NOMS PROPRES.

L'astérisque (*) devant un nombre, indique la page où se trouve la note biographique du personnage.

A

K

I

J

L

17

*

S

MACON, PROTAT FRÈRES, IMPRIMEURS.